Rudi Rhode
Mona Sabine Meis

ICH WEISS, WAS ICH WILL!

*Faire Selbstbehauptung
in privaten und beruflichen
Konflikten*

Kösel

Verlagsgruppe Random House FSC-DEU-0100
Das für dieses Buch verwendete FSC-zertifizierte Papier
Pamo Sky liefert Arctic Paper Mochenwangen GmbH.

Copyright © 2010 Kösel-Verlag, München,
in der Verlagsgruppe Random House GmbH
Umschlag: Kaselow Design, München
Umschlagmotiv: Getty Images / Amy de Voogd
Druck und Bindung: GGP Media GmbH, Pößneck
Printed in Germany
ISBN 978-3-466-30873-6

Weitere Informationen zu diesem Buch und unserem
gesamten lieferbaren Programm finden Sie unter
www.koesel.de

Inhalt

Einleitung

Wir bewundern Menschen, denen es gelingt, in einem Konflikt einen klaren *Stand*-Punkt zu vertreten. Wir beneiden all jene, die in einem Streit einen kühlen Kopf bewahren und sich selbstbe-*Haupt*-en können. Und denjenigen, die in Auseinandersetzungen *Rückgrat* zeigen und sich nicht unterkriegen lassen, zollen wir offen oder heimlich unseren Respekt. Die Worte *Stand*punkt, Selbstbe*haupt*ung und *Rückgrat* beziehen sich nicht zufällig auf unsere Körpersprache – unsere äußere Haltung. Denn wir wissen: Eine klare und gewinnende Ausstrahlung hilft, eigene Interessen besser durchsetzen zu können. Wer seine Ziele auch gegen die Widerstände anderer Menschen erreichen will, der braucht Standfestigkeit und ein selbstsicheres Auftreten.

Apropos Standfestigkeit: Wie oft schwanken wir in Konflikten, weil wir unsere Position nicht geklärt haben? Wie oft knicken wir ein, weil wir nicht genau wissen, was wir wollen? Standfest in einem Streit können wir nur dann sein, wenn wir uns unserer Interessen bewusst sind und mit ganzem Herzen und tiefer Überzeugung zu unseren Wünschen und Zielen stehen. Eine klare äußere Haltung ist der sichtbare Ausdruck einer klaren inneren Haltung. Nur wer in einem Konflikt innerlich strahlt, hat auch eine gewinnende Ausstrahlung und kann die jeweiligen Konfliktpartnerinnen oder Konfliktpartner für die eigenen Ziele gewinnen.

Unser Buch *Ich weiß, was ich will!* setzt genau an diesem Punkt der inneren Selbstklärung an. Wir werden zeigen, wie wir uns mithilfe gezielter Fragen auf einen Konflikt so einstellen können, dass wir selbstsicher und selbstgewiss in die

Auseinandersetzung mit unseren jeweiligen Kontrahenten hineingehen können. Für die Beantwortung dieser Fragen benötigen wir mit etwas Übung nicht mehr als fünf Minuten. Die Antworten wiederum verhelfen uns genau zu dem inneren Selbst-*bewusst*-sein, das wir für ein selbstbewusstes Auftreten und für die Durchsetzung unserer Ziele in einem Konflikt benötigen.

Mit anderen Worten: Statt auf Tipps und Tricks aus der Mottenkiste der Konfliktratgeber setzen wir bei unserem Ansatz der respektvollen Durchsetzungsfähigkeit voll und ganz auf persönliche Autorität und Authentizität. Wenn »ich weiß, was ich will«, kann ich auf ganz natürliche Art und Weise andere Menschen für mich und meine Ziele gewinnen. Und wenn ich mir meiner Wünsche und Bedürfnisse, aber auch meiner strategischen Vorgehensweise sicher bin, wird es mir in einem Konflikt auch gelingen, bei mir zu bleiben, statt außer mich zu geraten.

Zu Beginn des Buches zeigen wir, wie Auseinandersetzungen aus dem Ruder laufen können, wenn wir, statt unsere innere Haltung zu klären, unseren Gewohnheiten und Automatismen folgen: Konflikte mutieren dann zu destruktiven Kämpfen mit Gewinnern und Verlierern. Darauf aufbauend entwickeln wir in den folgenden Kapiteln – in Abgrenzung zur destruktiven Konfliktbewältigung – die wichtigsten Prinzipien einer respektvollen Durchsetzungsfähigkeit. Den Schwerpunkt legen wir dabei zwar auf die gedankliche Vorbereitung des Konflikts, aber wir stellen auch die praktische Umsetzung vor. Und wir differenzieren zwischen unterschiedlichen Hierarchiestufen: Ein Konflikt mit einem Partner, Freund oder Kollegen verlangt eine andere Vorbereitung und Vorgehensweise als ein Streit mit einer vor- oder nachgesetzten Person. Dabei behalten wir stets das zentrale Prinzip einer wertschätzenden Durchsetzungsfähigkeit im Auge: den Konfliktpartner für sich zu gewinnen, statt ihn zu besiegen.

Noch ein paar Sätze zum Aufbau dieses Buches. Wir haben ein Trainingshandbuch geschrieben. Das bedeutet, dass sich bestimmte Fragestellungen sehr bewusst wiederholen. Denn genau das ist das Prinzip des Trainings: Festigung und Sicherung des Erlernten durch Wiederholung. Statt Sie also mit einer Fülle an Fakten und Informationen zu »erschlagen«, stellen wir ganz einfache Möglichkeiten vor, wie Sie Ihren Standpunkt klären und Ihre Ziele erreichen können. Weniger ist mehr, und das Wenige soll sich durch Wiederholung so setzen, dass Sie es in Ihrem nächsten Konflikt tatsächlich praktisch anwenden können. In diesem Sinne wünschen wir Ihnen viel Spaß beim Lesen und eine große Klarheit und viel Selbstbewusstsein für Ihre zukünftigen Konflikte.

Konflikt als Kampf

Alexandra und Sascha – zwei gute und langjährige Freunde – haben sich verabredet, um gemeinsam Kaffee trinken zu gehen. Treffpunkt 14:00 Uhr, Golsheimer Platz. Das Wetter: drei Grad Celsius, leichter Nieselregen. Aber Sascha lässt seit mehr als 20 Minuten auf sich warten. Die Laune der wartenden und daher durchgefrorenen Freundin Alexandra nähert sich – den Temperaturen entsprechend – dem Gefrierpunkt. Keine drei Minuten später, also Punkt 14:23 Uhr, nimmt das Drama mit der Ankunft Saschas am vereinbarten Treffpunkt seinen Lauf:

»Ja, sag mal, spinnst du! Ich warte seit einer halben Stunde auf dich. Sascha, was soll das?«

»Vielleicht könntest du mich erst einmal grüßen, statt direkt anzumachen?«

»Hallo? Du bist fast eine halbe Stunde zu spät. Da habe ich doch wohl ein Recht darauf, sauer zu sein.«

»Vielleicht grüßt du mich erst einmal und fragst nach, warum ich überhaupt zu spät komme. Aber nein, immer sofort die Breitseite!«

»Du kommst doch jedes Mal zu spät und hast dann immer irgendwelche Ausreden. Da habe ich langsam keine Lust mehr drauf.«

»Was soll das denn jetzt: Ausreden! Willst du damit sagen, dass ich dich belüge?«

»Ich will und kann deine Geschichten von irgendwelchen Staus nicht mehr hören. Immer sind die anderen schuld. Wie wäre es denn, wenn der gnädige Herr einfach mal früher losfährt, wenn wir verabredet sind?«

»Spar dir deinen Zynismus! Auf dieser Ebene rede ich nicht mit dir.«

»Meine Güte, dann teil dir doch deine Zeit mal anders ein und erledige nicht noch 20 Sachen, bevor wir uns treffen. Dann kommst du auch mal pünktlich!«

»Ach, die Frau Sozialarbeiterin weiß mal wieder alles besser. Und außerdem: Du wohnst um die Ecke und hast keine lange Anfahrt. Wenn wir uns bei mir vor der Haustür treffen würden, wäre ich auch pünktlich.«

»Das glaubst du doch wohl selbst nicht: Bei deiner notorischen Unpünktlichkeit würdest du selbst dann noch zu spät kommen, wenn wir uns bei dir in deiner Wohnung treffen!«

»Ja, sag mal, hast du sie noch alle?«

»Ja, hab ich. Typisch Mann: Immer die anderen nach der eigenen Pfeife tanzen lassen. Mann ist ja schließlich so wichtig und hat bessere Dinge zu tun, als pünktlich zu sein. Blöder Macker!«

»Das ist ja wohl die Höhe. Ich kann nichts für deinen Frust mit Männern. Mach das mit deinem Ex aus, nicht mit mir. Ist ja wohl langsam klar, warum der 'ne Neue hat.«

»Musst du gerade sagen!«

»Weißt du was: Trink deinen Kaffee doch alleine!«

»Mach ich auch.«

»Ja, dann tschüss.«

»Tschüss!«

Zugegeben: etwas übertrieben. Aber die Übertreibung ist notwendig, um ein paar grundlegende Prinzipien der destruktiven Konfliktbewältigung zu verdeutlichen.

Wir stellen in den folgenden Abschnitten sieben Fallstricke vor, über die die beiden Streithähne in ihrer Auseinandersetzung gestolpert sind. Dabei wird sich zeigen, dass die wartende Alexandra bereits vor Saschas Ankunft am vereinbarten Treffpunkt die Weichen auf Konfrontation und Kampf gestellt hat: Während ihrer Wartezeit hat sie sich ihren Freund Sascha gedanklich zum Feind gemacht (Fallstrick 1) und ist in die Respektfalle (Fallstrick 2) getappt. Diese beiden Fallstricke wiederum bildeten die Grundlage für die fünf weiteren Fallstricke, die den beiden Freunden während des Streits am Golsheimer Platz zum Verhängnis geworden sind: Schuldzuweisungen, Vorwürfe, Beleidigungen, Ratschläge und verletzende körpersprachliche Signale.

1. Fallstrick: Die Freund-Feind-Spirale

Wir haben den Beginn des Streits zwischen dem verspäteten Sascha und der wartenden Alexandra auf 14:23 Uhr festgelegt. Doch genau genommen müssen wir die Zeit mindestens 30 Minuten zurückdrehen, wollen wir den ersten Fallstrick der destruktiven Konfliktbearbeitung analysieren. Die Uhr zeigt also nicht 14:23 Uhr, sondern 13:53 Uhr, und wir versetzen uns einfach mal in die Lage von Alexandra, die bereits einige Minuten vor 14:00 Uhr am vereinbarten Treffpunkt Golsheimer Platz auf Sascha wartet:

Solange die Uhr noch nicht 14:00 Uhr zeigt, ist Sascha noch Alexandras bester Freund. Doch bereits wenige Minuten später, also um 14:05 Uhr, wendet sich das Blatt und damit auch die Stimmung von Alexandra. Sie führt einen inneren Monolog und denkt sich: »Ach Mensch, dieser Sascha. Ist mal wieder typisch. Dass der auch nie pünktlich sein kann.« In Alexandras Gedanken und Gefühlen mutiert der ihr nahestehende Freund bereits zu einem entfernten Bekannten (»... dieser Sascha«).

Drehen wir die Uhr fünf Minuten weiter und werfen wir einen erneuten Blick in das Innenleben von Alexandra: »Das kann doch wohl nicht wahr sein. Jedes Mal der gleiche Ärger. Der ist zu blöd, seine Zeit auf die Reihe zu kriegen.«

Um 14:10 Uhr ist der ehemals beste Freund Sascha bereits »zu blöd«.

Das Ende der Freund-Feind-Spirale ist aber noch lange nicht erreicht. Schließlich steht die Uhr noch nicht auf 14:23 Uhr, sondern erst auf 14:15 Uhr. Alexandras innerer Monolog lautet jetzt: »Ja, sag mal, tickt der noch ganz sauber? Wenn dieser blöde Macho glaubt, dass er das mit mir machen kann, dann hat der sich aber geschnitten. Das lass ich mir nicht bieten!« Wir sind live dabei, wie sich im Inneren von Alexandra ihr Freund Sascha in einen »blöden Macho« verwandelt hat, der nicht mehr »ganz sauber tickt«.

Um 14:20 Uhr erreicht dieser innere Vorgang der Distanzierung und Entwertung seinen vorläufigen Höhepunkt: »Dieser Macker. Das ist ja wohl der Gipfel an Respektlosigkeit. Der behandelt mich wie den letzten Dreck. Na warte, der kann gleich was erleben!«

Und tatsächlich: Genau drei Minuten später packt Alexandra den Knüppel aus und drischt ohne Vorwarnung auf den »Macho« und »Macker« Sascha ein, der mit 23-minütiger Verspätung am Treffpunkt Golsheimer Platz erscheint: »Ja, sag mal, spinnst du! Ich warte seit einer halben Stunde auf dich. Was soll das?« Dieser Angriff erfolgt selbstverständlich grußlos – schließlich haben es Machos und Macker nicht anders verdient, als mit Missachtung bestraft zu werden.

Jedem Kampf und jedem Krieg gehen die Distanzierung und Entmenschlichung des Gegners voraus – im Großen wie im Kleinen: der »westliche Imperialismus«, die »Achse des Bösen«, »Schurkenstaaten«, »Zecken«, »Untermenschen«, »Bullen und Parasiten«; oder eben auch »blöde Kuh« und »respektloser Macker«.

Alexandras innere Prozesse der Distanzierung und Entwertung mit der Vorbereitung auf Kämpfe und Kriege zu vergleichen, ist natürlich provokativ. Aber auch sie landet Treffer (»Ja, sag mal, spinnst du«), stichelt (»Du hast immer irgendwelche Ausreden«), setzt verbale Tiefschläge (»Du kommst jedes Mal zu spät!«), bohrt in Saschas Wunden (»notorische Unpünktlichkeit«) und stößt ihn vor den Kopf (»Typisch Mann: Immer die anderen nach der eigenen Pfeife tanzen lassen«).

Kurz und gut: Alexandra sieht Sascha als Täter, der ihr durch seine Verspätung Leid zugefügt hat. Und dieses Leid möchte sie ihm heimzahlen. Zu diesem Zweck hat sie ihren Freund vor der Auseinandersetzung kurzerhand in einen Macho und respektlosen Macker verwandelt, auf den sich ohne Gewissensbisse einschlagen lässt.

Darüber hinaus erfüllt die Distanzierung einen weiteren Zweck: Alexandra hat Sascha innerlich so weit von sich geschoben, dass sie ihm Leid zufügen kann, ohne dass dessen Leid sie selbst in Form von Mit-Leid erreichen und dadurch kampfunfähig machen könnte.

> Auch über kriegerische Auseinandersetzungen wissen wir: Das tausendfache Töten per Knopfdruck fällt leichter als das Töten eines Gegners von Angesicht zu Angesicht. Räumliche und emotionale Distanz schützen vor Mitleid, Schuldgefühlen und vor Beiß- bzw. Tötungshemmung.

Fazit: Wer im Vorfeld eines Konflikts den Partner durch Abwertung und Distanzierung zum Gegner macht, der rüstet zum Krieg und wird in der Auseinander-Setzung auch zuschlagen. Das gedankliche Hineinschrauben in die Freund-Feind-Spirale vor einem Konflikt legt den Grundstein für eine destruktive Konfliktbewältigung.

2. Fallstrick: Die Respektfalle

Gehen wir mit Alexandra nicht allzu hart ins Gericht. Ihre Wut wird nachvollziehbar, wenn wir einfach mal unterstellen, dass Sascha tatsächlich schon zu so manch einer Verabredung verspätet erschienen ist. Fügen wir noch hinzu, dass Alexandra gerade eine Trennung von einem fremdgehenden Partner hinter sich hat. Außerdem hat sie zu Hause alle dringenden Arbeiten stehen und liegen lassen, um pünktlich am Treffpunkt zu erscheinen. Das bedeutet: Alexandras Aggressionen resultieren aus vielen negativen Erfahrungen mit Sascha im Besonderen und der Gattung Mann im Allgemeinen. Dazu kommt ein immenser Stress wegen der sich türmenden Arbeiten. Ihre destruktive Vorgehensweise in diesem Streit ist vielleicht nicht geschickt, aber sehr menschlich!

Wenn wir Alexandra befragen, warum sie in dem Streit mit Sascha derart heftig reagiert hat, wird sie vermutlich noch einen weiteren Grund anführen: »Das ist auch eine Frage der Wertschätzung. Sascha respektiert mich nicht. Sonst wäre er ja pünktlich. Das will ich mir nicht länger gefallen lassen.«

Schauen wir uns zunächst einmal das Wort »Respekt« genauer an: Respekt ist abgeleitet vom lateinischen Verb respicere (= zurückschauen) und bedeutet so viel wie Rücksicht nehmen. Respektlosigkeit ist demnach die mangelnde Fähigkeit bzw. der mangelnde Wille, den anderen mit seinen Wünschen und Bedürfnissen zu sehen und sein eigenes Verhalten darauf einzustellen. Wer dem Gegenüber in einem Konflikt also Respektlosigkeit unterstellt, formuliert indirekt einen Vorwurf: »Du tust das nur, weil du mich nicht respektierst.« Auf unseren Streit übertragen würde der Vorwurf lauten: »Du kommst zu spät, weil du egoistisch bist und mich nicht respektierst!«

Alexandra unterstellt Sascha, dass dessen Verspätungen, wenn nicht mit böser Absicht, so doch zumindest aus grober

Rücksichtslosigkeit ihr gegenüber geschehen. Und schon schnappt sie zu, die Respektfalle. Denn durch den offenen oder auch versteckten Vorwurf der Respektlosigkeit bekommt der Konflikt um die Frage von Pünktlichkeit eine zusätzliche Komponente – Alexandra stellt die Beziehungsfrage und integriert sie in den Konflikt: »Wenn du mich respektieren würdest, wärest du pünktlich.« Die Respekt-Dimension trägt durch den doppelten Vorwurf (»Du kommst immer zu spät. Du respektierst mich nicht.«) zu einer Verschärfung des Konflikts bei.

Wie ein Konflikt aussehen könnte, in dem die Respektfalle zuschnappt, zeigt der folgende Dialog:

»Deine Unpünktlichkeit finde ich einfach respektlos mir gegenüber.«

»Was hat das denn damit zu tun? Mein Gott, die Stadt ist voll mit Autos und ich habe keinen Parkplatz gefunden. Das Parkhaus war voll.«

»Das Parkhaus war voll … Dann fahr doch einfach früher los. Das wäre respektvoll. Du weißt doch, dass ich hier in der Kälte stehe.«

»Ich bin früh genug losgefahren. Aber mit dem vollen Parkhaus konnte ich nicht rechnen. Sonst findet man da immer einen Platz.«

»Noch einmal: Ich finde das respektlos, mich so lange warten zu lassen.«

»Und ich sage noch einmal: Damit konnte ich nicht rechnen. Das hat mit Respekt nichts zu tun. Ich respektier dich doch.«

»Nein, tust du nicht. Sonst wärst du pünktlich.«

»Tu ich doch. Das Parkhaus war voll. Das ist alles!«

Eine Endlosschleife! Gegen die moralische Keule des Vorwurfs der Respektlosigkeit führt der verspätete Sascha immer wieder die widrigen Umstände der vollen Innenstadt und des belegten Parkhauses ins Feld. Die Frage, ob Sascha Alexandra respektiert oder nicht, ist müßig und kontraproduktiv. Sie gibt dem Konflikt eine verschärfende und kaum zu lösende Dimension. Denn Respekt ist nicht einklagbar, wie das folgende Beispiel zeigt:

> »Du sollst mich respektieren.«
> »Tu ich doch.«
> »Nein, tust du nicht. Sonst wärst du pünktlich.«
> »Hallo! Das hat doch nichts miteinander zu tun.«
> »Hat es doch. Ich möchte, dass du mich respektierst.«
> »Was denn jetzt. Willst du Respekt oder Pünktlichkeit?«
> »Beides!«
> »Respektieren tu ich dich.«
> »Nein, sonst wärst du pünktlich!«

Woran will Alexandra denn bemessen, ob Sascha sie respektiert? Der einzige Grund für die unterstellte Respektlosigkeit in diesem Konflikt ist Saschas Unpünktlichkeit. Wenn dieser also rechtzeitig zu den vereinbarten Treffen erscheint, bekommt Alexandra automatisch den Respekt, den sie erwartet. Folglich würde es reichen, den Inhalt des Konflikts auf die Frage der Pünktlichkeit zu begrenzen. Denn durch die Beschränkung auf den Zeitfaktor würde der Konflikt spürbar entschärft – zumindest *eine* massive Vorwurfsebene fiele weg.

Mit einer Kritik an unseren Verspätungen können wir in der Regel konstruktiv umgehen, mit dem Vorwurf der Respektlosigkeit kaum, denn dieser rührt an den Grundfesten unserer Persönlichkeit. Stellen wir uns einfach mal vor, wie viel leichter es uns fallen würde, zuzugestehen, dass wir ein Problem damit haben, pünktlich zu sein. Aber wer von uns könnte einräumen, respektlos zu sein?

Daher behaupten wir:

Die Ausklammerung der Respektfrage und die damit verbundene Beschränkung des Konflikts auf das jeweils zentrale Problem (wie Verspätungen) ist eine notwendige Voraussetzung für eine konstruktive Bewältigung. Und ganz nebenbei bekommen wir bei Erfüllung unserer Wünsche (wie pünktliches Erscheinen) den vermeintlich fehlenden Respekt gratis mitgeliefert.

Mit diesen Überlegungen wollen wir aber nicht etwa behaupten, dass es keine Konflikte um Respekt geben kann: Wenn eine Person eine andere beleidigt, geht es in dem Konflikt unmittelbar um Respekt. Der Unterschied zwischen einem genuinen Respektkonflikt und einem Konflikt, in dem die Frage von Respekt quasi durch die Hintertür Einzug hält, wird an folgenden Beispielen deutlich:

- Das Gegenteil einer Verspätung ist nicht Respekt, sondern Pünktlichkeit. Unterstellter mangelnder Respekt im Zusammenhang mit Verspätungen ist lediglich die Folge einer bestimmten Bewertung dessen, warum die andere Person unpünktlich ist. Daher handelt es sich bei dem Satz »Du kommst zu spät, weil du mich nicht respektierst« um eine Respektfalle.
- Das Gegenteil der Nichteinhaltung eines Putzplans ist nicht Respekt, sondern die Erledigung der vereinbarten Putzarbeiten. Unterstellte Respektlosigkeit ist die Folge einer negativen Bewertung dessen, warum der Partner sich nicht an den Putzplan hält. Daher handelt es sich bei dem Satz »Du putzt nicht, weil du mich nicht respektierst« um eine Respektfalle.
- Das Gegenteil eines unordentlich hinterlassenen Arbeitsraums ist die ordnungsgemäße Übergabe und nicht Respekt. Daher handelt es sich bei dem Satz »Du hinterlässt mir den Raum so chaotisch, weil du mich nicht respektierst« um eine Respektfalle.

- Aber: Das Gegenteil von Beleidigungen ist die respekt-volle Kommunikation. Bei einer Beleidigung (»Deine Beleidigung ist respektlos«) handelt es sich also um einen Respektkonflikt.

Eine Beleidigung *ist* Respektlosigkeit – und nicht die Bewertung dessen, was die Ursache einer Verspätung, dem Nicht-Putzen oder der Unordnung sein mag. Den Unterschied zwischen einer Respektfalle und einem Konflikt um Respekt können wir demnach ganz einfach daran erkennen, dass wir zunächst das uns störende Verhalten benennen und davon dann das Gegenteil bilden. Wenn wir bei Letzterem beim Respekt landen, handelt es sich tatsächlich um einen Konflikt um Respekt. Sollte aber bei der Gegenteilsbildung ein konkretes Verhalten herauskommen, laufen wir Gefahr, in die Respektfalle zu geraten.

Jeder Konflikt, in dem es um das *Wie* der Kommunikation geht, ist ein Konflikt um Respekt. Hier kann die Respektfalle nicht zuschnappen. In allen anderen Konflikten gilt:

> Die Unterstellung der Respektlosigkeit als Ursache des störenden Verhaltens trägt zur Verschärfung des Konflikts bei und ist Teil der mentalen Aufrüstung zum Kampf. Wer gedanklich in die Respektfalle tappt, rüstet sich zum respektlosen (= verletzenden) Gegenschlag.

Die beiden ersten Fallstricke eines Konflikts zeigen, dass der Grundstein für die destruktive Konfliktbewältigung bereits vor dem verspäteten Erscheinen Saschas am vereinbarten Treffpunkt gelegt wurde. Alexandras Urteile über ihren Freund (»Dieser egoistische Macker respektiert mich einfach nicht!«) wurden zwischen 14:00 Uhr und 14:23 Uhr gefällt. Ihr erster Satz nach Saschas Ankunft (»Ja, sag mal, spinnst du!«) ist die psycho-logische Konsequenz von Alex-

andras Urteilen und ihrer damit verbundenen inneren Aufrüstung.

Fazit: Wenn wir den Grundstein für eine konstruktive
Konfliktbewältigung legen möchten, müssen wir bereits die
Zeit vor dem eigentlichen Streit berücksichtigen. Die konstruktive Konfliktbewältigung, so werden wir später zeigen,
steht und fällt mit einer wertschätzenden und zugleich selbstkritischen gedanklichen Vorbereitung.

3. Fallstrick: Du bist schuld!

Wie lange mussten Sie Ihren Unmut bereits zurückhal-
ten? Vermutlich mehrere Minuten! Oder haben Sie sich während des Lesens der beiden letzten Abschnitte nicht immer
wieder darüber geärgert, dass das eigentliche Opfer des Konflikts – nämlich Alexandra – zur Täterin abgestempelt wurde?
Dabei scheint es doch glasklar zu sein: Nicht etwa Alexandra
trägt die Schuld an der Eskalation des Streits, sondern der –
häufig! – verspätete Sascha. Also fängt der Konflikt nicht erst
um 14:00 Uhr mit Alexandras innerer Aufrüstung an, sondern bereits einige Wochen oder gar Monate vorher mit Saschas ständigen Verspätungen. Das bedeutet: Alexandra ist
Opfer und Sascha Täter.

Einverstanden: Um zu verhindern, dass Sie dieses Buch
wutentbrannt und vorschnell in die Ecke werfen, übernehmen wir diese Täter-Opfer-Konstellation. Die Sachlage des
Konflikts ist demnach eindeutig: Sascha als notorischer Zu-
spätkommer ist schuld an dem Ärger seiner Freundin Alexandra. Schließlich verstößt er gegen einen Grundsatz, der da
lautet: Auf die Minute pünktlich zu sein ist – zumindest in
Deutschland – Pflicht. Und wer unpünktlich ist, stiehlt dem
anderen Zeit. Somit ist der Ärger von Alexandra absolut verständlich – zumal der Nieselregen bei einer Temperatur von

knapp über null Grad Celsius sein Übriges tut, ihre Wut an-
zuheizen. Folglich lässt Alexandra mit dem Erscheinen Saschas am vereinbarten Treffpunkt ihrem berechtigten Ärger
freien Lauf. Sascha mit seinen Verspätungen hat angefangen
mit dem Konflikt – Alexandra schießt lediglich zurück. Denn
schließlich heißt es: Angriff ist die beste Verteidigung.

Aus dieser Perspektive betrachtet gibt es tatsächlich
eine eindeutige Täter-Opfer-Konstellation.

Doch wechseln wir die Perspektive und versetzen wir
uns in die Lage von Sascha. Seine Entgegnung auf Alexandras
grußlosen Angriff lautete: »Vielleicht könntest du mich erst
einmal grüßen, statt direkt anzumachen?« Auch hinter dieser
Aussage verbirgt sich eine Opferhaltung, die sich ein paar Sekunden später an einem weiteren Punkt offenbart: »Vielleicht
grüßt du mich erst einmal und fragst nach, warum ich überhaupt zu spät komme. Aber nein, immer sofort die Breitseite!«
Würde man Sascha befragen, warum er – trotz seiner
Verspätung – direkt so vorwurfsvoll kontert, würde er vermutlich antworten: »Über die Verspätung hätte ich ja gerne
mit Alexandra gesprochen und mich dafür auch entschuldigt,
aber wenn ich direkt ohne Gruß in diesem arroganten Ton
angeblafft werde, dann legt sich bei mir ein Schalter um.
Denn das macht die immer: Erst mal draufhauen – und zwar
ohne zu grüßen und zu fragen. Und das nach dem Verkehrs-
chaos und der ewigen Parkplatzsuche!« In Saschas Gedanken
verwandelt sich die keifende Alexandra blitzschnell in eine
blöde Kuh, die so respektlos ist, ihn ohne Gruß anzugreifen.
Und auch er nimmt für sich in Anspruch: Angriff ist die beste
Verteidigung.

Tja. Wer hat nun recht in dem Konflikt? Hat nicht
Alexandra wenigstens ein wenig mehr recht als Sascha und ist
dadurch das größere Opfer?

Schon die Fragestellung nach Recht und Unrecht in
einem Konflikt ist ein Fallstrick. Denn wir sollten einfach zur

Kenntnis nehmen, dass es nur in den wenigsten Konflikten eine eindeutige Täter-Opfer-Konstellation gibt. In den meisten Streits haben die beteiligten Parteien eine jeweils eigene Sicht der Dinge und legitimieren das eigene verletzende Vorgehen als Vergeltung für die Verletzung, die ihnen das Gegenüber zugefügt hat.

> Jeder, der in einem Konflikt den Kontrahenten verletzt, legitimiert die eigene Vorgehensweise mit einer erlittenen Verletzung und definiert sich als Opfer. Die Vergeltung der Vergeltung der Vergeltung ...

Auch hier bemühen wir größere Zusammenhänge. Immer wieder werden auf der politischen Bühne Opferhaltungen konstruiert, um militärische oder paramilitärische Angriffe als Verteidigungsschläge zu legitimieren: ein Volk ohne Raum, geknebelt vom Versailler Vertrag, mobilisiert die Wehr(!)macht; die zivilisierte Welt verteidigt weltweit ihre Freiheiten gegen die Achse des Bösen; der Heilige Krieg von Gotteskriegern wird geführt gegen den Imperialismus der westlichen Welt; weltweit gibt es keine Kriegs-, sondern nur Verteidigungsministerien; mit einem präventiv-angreifenden Verteidigungskrieg (siehe zweiter Irakkrieg) wird ein erwarteter (!) Angriff verteidigend abgewehrt; rassistische Übergriffe gegen Ausländer werden legitimiert als Abwehr von Überfremdung; Neonazis organisieren sich in Wehrsportgruppen ... Die Liste ließe sich beliebig fortsetzen mit immer dem gleichen Ergebnis: Angriffe wurden und werden stets legitimiert als angreifende Verteidigung.

Sie sehen: Wir lieben es zu provozieren, indem wir den Bogen spannen von den kleinen zu den großen Kriegen – und wieder zurück. Beide, Sascha und Alexandra, legitimieren ihr verletzendes Vorgehen mit der Verletzung, die sie durch ihr Gegenüber erlitten haben: Sascha kommt immer zu spät, und Alexandra hat stets einen verletzenden Ton auf den Lippen und fragt überhaupt nicht nach den Gründen für Saschas Verspätungen. Im Streit selbst, in dem ein Wort das andere gibt, wird jede eigene Gemeinheit dann nur noch ge-recht-fertigt mit der vorangegangenen Verletzung des Gegenübers. Der Konflikt mutiert zu einem Kampf mit ganz eigenen Gesetzmäßigkeiten:

- Verletzungen sollen vermieden werden durch die Verletzung des Gegners.
- Wunden sollen geheilt werden durch die Verwundung des Gegners.
- Du oder Ich – nur einer kann gewinnen. Einvernehmliche Lösungen sind ausgeschlossen.

Das ursprüngliche Motiv des Konflikts rückt bei einer destruktiven Vorgehensweise schnell in den Hintergrund: Statt um die Verspätung geht es um die Vergeltung der Vergeltung und um die Wahrung des eigenen Gesichts. Das Gewinnenmüssen rückt in das Zentrum des Konflikts. Und als Legitimation für eigene verletzende Angriffe dient immer eine Opferhaltung: »Du bist selbst schuld! Wenn du nicht ..., dann hätte ich auch nicht ...!«

Fazit: Angriffe werden immer legitimiert als angreifende Verteidigung: »Du bist schließlich selbst schuld, weil du ...« Und wer in einem Konflikt austeilt, liefert dem Kontrahenten einen willkommenen Anlass für einen verteidigenden Angriff. Ein kleiner Seitenhieb kann reichen, dass ein Konflikt sich in einen Kampf nach dem Prinzip der Vergeltung der Vergeltung verwandelt.

4. Fallstrick: Vorwürfe

Der Konflikt zwischen Alexandra und Sascha bietet hinreichend Anschauungsmaterial in Sachen offene und vor allem auch versteckte Vorwürfe. Filtern wir einmal heraus, welche vorwurfsvollen Botschaften sich hinter den jeweiligen Äußerungen verbergen. Die folgende Auflistung ist dabei gar nicht vollständig:

- Alexandra: »Ja, sag mal, spinnst du. Ich warte seit einer halben Stunde auf dich.« (= Du spinnst. Du stiehlst mir meine Zeit.)
- Sascha: »Vielleicht grüßt du erst einmal und fragst nach, warum ich überhaupt zu spät komme.« (= Du missachtest die grundlegenden Regeln der respektvollen Kommunikation. Du bist überhaupt nicht daran interessiert, die Ursachen meiner Verspätung zu erfahren.)
- Sascha: »Immer sofort die Breitseite!« (= Du greifst mich ohne Kenntnis der Sachlage und daher völlig ungerechtfertigt an.)
- Alexandra: »Du kommst doch jedes Mal zu spät und hast dann irgendwelche Ausreden.« (= Du bist ein notorischer Zu-spät-Kommer. Du lügst mich an.)
- Alexandra: »Immer sind die anderen schuld.« (= Du lenkst die Schuld immer von dir auf andere und stilisierst dich dadurch fälschlicherweise vom Täter zum Opfer.)
- Alexandra: »Wie wäre es, wenn der gnädige Herr einfach mal früher losfährt?« (Ironie = Du bist gnadenlos; du fährst viel zu spät los!)
- Sascha: »Spar dir deinen Zynismus!« (= Du behandelst mich herablassend und respektlos.)
- Alexandra: »Typisch Mann: Immer die anderen nach der eigenen Pfeife tanzen lassen.« (= Du bist genauso egoistisch wie alle Männer. Ihr nutzt uns Frauen aus!)

- Sascha: »Ich kann nichts für deinen Frust mit anderen Männern. Mach das mit deinem Ex aus, nicht mit mir.« (= Du greifst mich stellvertretend für deinen Ex an. Du bist also völlig ungerecht.)
- Sascha: »Ist ja wohl langsam klar, warum der 'ne Neue hat.« (= Du bist völlig zu Recht verlassen worden, denn mit dir kann es kein Mann aushalten.)

Dieser kurze Dialog lässt erkennen, dass der »Wurf« im Wort »Vorwurf« nicht zufällig enthalten ist. Jeder offene oder versteckte Vorwurf in einem Konflikt geschieht mit der bewussten oder unbewussten Absicht, den jeweiligen Kontrahenten zu treffen. »Du handelst oder bist falsch!«, so lautet die Botschaft eines Vorwurfs. Und in einem Vorwurf enthalten ist zwangsläufig die Haltung eines Richters. Denn wer sich anmaßt, die Verhaltensweisen oder gar den Charakter eines anderen Menschen als falsch zu verurteilen, begibt sich in eine übergeordnete richterliche Position. Allein diese Behandlung von oben herab reicht in den meisten Konflikten aus, dass sich die verurteilte Person angegriffen und verletzt fühlt, eine Opferhaltung einnimmt und zum Gegenangriff bläst: »Über meine Verspätung hätten wir ja reden können – aber nicht, wenn du mich grußlos und ohne Nachfragen so von oben herab behandelst.«

> Für gleichgestellte Personen gilt der Grundsatz: Wechselseitiger Respekt drückt sich dadurch aus, dass sich auch die Kommunikation partnerschaftlich vollziehen muss. Wer diese Ebene der Gleichstellung verlässt und den Freund oder die Freundin durch Vorwürfe von oben herab behandelt, läuft Gefahr, den jeweiligen Kommunikationspartner zu verletzen.

Jeder Vorwurf kommt von oben. Es gibt keine partnerschaftlichen Vorwürfe. Die richterliche Instanz haftet wie ein Makel an jedem noch so vorsichtig formulierten Vorwurf. Das bedeutet: Jeder Vorwurf unter Freunden, Bekannten oder Kollegen ist potenziell verletzend. Zugespitzt müssen wir demnach feststellen, dass eine konstruktive Konfliktbearbeitung zwischen Personen, die auf der gleichen hierarchischen Stufe stehen, frei von Vorwürfen sein muss. Ein schwieriges Unterfangen, wie wir später sehen werden.

Aber kehren wir noch einmal zum Streitgespräch der beiden Freunde zurück. Wir können erkennen, dass es gespickt ist mit offenen und vor allem versteckten Vorwürfen. Doch damit nicht genug: In einigen der Vorwürfe ist durch die Verallgemeinerungen (»immer«, »jedes Mal«, »ständig«) eine Art Generalangriff auf den Charakter des jeweiligen Gegenübers enthalten:

- Sascha: »Aber nein, *immer* sofort die Breitseite!« (= Du bist eine aggressive Angreiferin.)
- Alexandra: »Du kommst doch *jedes Mal* zu spät und hast dann *immer* irgendwelche Ausreden.« (= Du bist durch und durch unpünktlich und bist ein Lügner.)
- Alexandra: »*Immer* sind die anderen schuld.« (= Du hast die durchgehende Angewohnheit, dich vom Täter zum Opfer zu machen. Du bist ein Mensch, der keine Verantwortung übernimmt.)
- Alexandra: »Typisch Mann: *Immer* die anderen nach der eigenen Pfeife tanzen lassen.« (= Du bist – wie alle anderen Männer auch – durch und durch egoistisch.)
- Sascha: »Ich kann nichts für deinen Frust mit *Männern*. Mach das mit deinem Ex aus, nicht mit mir.« (Du hast den negativen Charakterzug, dass du deine Probleme mit deinem Ex immer auf mich überträgst.)

Jede Verallgemeinerung in einem Konflikt ist destruktiv und potenziert das Verletzungspotenzial eines Vorwurfs. Vergleichen Sie einmal die folgenden beiden Vorwurfspaare:

- Alexandra: »Wir waren für 14:00 Uhr verabredet, und jetzt ist es 14:25 Uhr. Du bist 23 Minuten zu spät.«
- Alexandra: »Du kommst doch jedes Mal zu spät und hast dann immer ...«

Oder:

- Sascha: »Als ich eben hier angekommen bin, habe ich direkt die Breitseite von dir gekriegt.«
- Sascha: »Aber nein, immer sofort die Breitseite!«

Im jeweils ersten Beispiel wird das konkrete Verhalten des Konfliktpartners kritisiert. Der herabsetzende Vorwurf bezieht sich ausdrücklich auf den aktuellen Konflikt. In den zweiten Beispielen dagegen wird das aktuelle Verhalten benutzt, um daran den Charakter des jeweiligen Gegenübers an den Pranger zu stellen.

Fazit: Wer in einem Konflikt verallgemeinernde Vorwürfe verwendet, kritisiert und verurteilt nicht mehr nur das Verhalten des Gegenübers, sondern greift die Person als Ganzes an. Und nicht ganz zufällig suchen wir uns für unsere Vorwürfe genau die Stellen des Gegenübers aus, an denen dieser am verletzlichsten ist – seinen Selbstwert.

5. Fallstrick: Beleidigungen

»Blöder Macker!« Mit dieser Beleidigung wird Sascha kurzerhand eingereiht in die Riege der Kerle, die von den Restbeständen fossiler Männlichkeit zehren und ihre Geschlechteridentität auf Machogehabe und Frauenabwertung aufbauen. Diese Beleidigung muss sich ausgerechnet Sascha sagen lassen, der doch so viel Wert darauf legt, ein »neuer Mann« zu sein. Naheliegend, dass der Schlag gesessen hat und diese Beleidigung einen beleidigenden Konter erfordert: »Hysterische Ziege!« Auch dieser Schlag sitzt. Denn wenn Alexandra eines an sich hasst, dann ihre zuweilen aufbrausende Art. Schon seit Jahren versucht sie, diese in den Griff zu bekommen ...

Bei jeder Beleidigung, die uns unser Gegenüber bedacht oder unbedacht zufügt, denken wir nahezu reflexhaft: »Das muss ich mir nicht gefallen lassen. Wer bin ich denn! Ich muss mich wehren, denn schließlich geht es um meine Ehre.« Und schon werden die Waffen gezückt und wir ziehen schlagfertig in den Kampf.

Aber was genau bezweckt Alexandra mit ihrer Beleidigung (»Macker!«), die sie Sascha gegen Ende des Konflikts an den Kopf wirft? Wir meinen: Alexandra kennt Saschas Achillesferse und versucht gegen Ende des Kampfes, diesen genau dort vernichtend zu treffen. Der Schlag soll Sascha so große psychische Schmerzen bereiten, dass dieser kapituliert.

Das strategische Ziel einer lauthals vorgebrachten Be-leidigung in einem Konflikt besteht darin, dem Kontrahenten Leid zuzufügen. Die Beleidigung soll so große psychische Schmerzen verursachen, dass der Kontrahent kampfunfähig zur Aufgabe gezwungen wird.

Doch so sehr das Ziel einer Beleidigung auch die Kampfunfähigkeit des Kontrahenten sein mag – der Schuss geht nach hinten los. Denn das verletzende Potenzial einer Beleidigung ist in der Regel so groß, dass sich das Ego der angegriffenen Person meldet und hetzt: »Das kannst du dir nicht gefallen lassen. So abgründig schlecht, wie dein Gegenüber es darstellt, bist du nicht. Du hast hart daran gearbeitet, kein Macker mehr zu sein. Wenn du jetzt aufgibst, gibst du Alexandra recht, und Jahre mühsamer selbsttherapeutischer Arbeit sind dahin. Die beste Möglichkeit, dich vor weiteren Verletzungen zu schützen, besteht darin, Alexandra so sehr zu verletzen, dass diese dich nicht mehr angreifen kann. Such dir ihre empfindlichste Stelle und schlag zurück!«

Fazit: Das strategische Ziel der Beleidigungen, den Kontrahenten kampfunfähig zu machen und zur Kapitulation zu zwingen, wird in aller Regel verfehlt. Im Gegenteil: Nach jeder Beleidigung zieht der Gegner gefestigter und stärker in den Kampf. Jeder ausgeteilte Schlag kehrt als doppelte Energie in Form eines Gegenschlags zurück.

6. Fallstrick: Auch Ratschläge sind Schläge

»Auch Ratschläge sind Schläge« – ein schöner Spruch, der natürlich keinen Anspruch auf universelle Gültigkeit erheben kann. Aber zumindest in Konflikten zwischen Personen, die hierarchisch auf der gleichen Ebene stehen, bergen ungefragt erteilte Ratschläge ein großes Eskalationspotenzial.

»Meine Güte, dann teil dir doch deine Zeit mal anders ein und erledige nicht noch 20 Sachen, bevor wir uns treffen. Dann kommst du auch mal pünktlich!«

Der Schlag hat gesessen. Alexandra macht Sascha Vor-Schläge in Sachen Zeitmanagement. In den (Rat-)Schlag eingebettet ist natürlich auch der versteckte Vorwurf, dass Sascha seine Zeit nicht einteilen kann und daher ein Chaot ist.

Wohlwollend könnte man Alexandra unterstellen, dass sie ihrem Freund doch lediglich Hilfestellungen geben wollte, wie dieser künftig pünktlich zu den Treffen erscheinen kann. Doch selbst bei dieser großzügigen Auslegung des Ratschlags als Hilfe zur Selbsthilfe würde immer noch das Sprichwort zutreffen: Gut gemeint ist nicht gleich gut gemacht. In einem konfrontativen Konflikt mutiert jeder Ratschlag, gleichgültig, ob gut oder böse gemeint, zu einer Verletzung. Denn ähnlich wie Vorwürfe kommen Ratschläge immer von oben.

> Wer einer anderen Person einen Ratschlag erteilt, begibt
> sich in eine übergeordnete Position und nimmt für sich in
> Anspruch, besser zu wissen, was für diese richtig oder
> falsch ist. In einem offenen Streit aber verursacht jede Be-
> handlung von oben herab bei der beratschlagten Person
> eine Verletzung.

Nach dem Gesetz der Vergeltung der Vergeltung ist es nur folgerichtig, dass Sascha den Rat-Schlag seiner Freundin Alexandra pariert, indem er kontert: »Ach, die Frau Sozialarbeiterin weiß mal wieder alles besser!« Saschas Vergeltungsangriff macht deutlich, dass er den Ratschlag seiner Freundin als eine arrogante und verletzende Anmaßung empfindet.

Mit diesen Überlegungen über die Funktion von Ratschlägen in konfrontativen Konflikten wollen wir natürlich nicht sagen, dass Ratschläge generell wie Ohrfeigen wirken müssen und zwangsläufig zu Eskalationen beitragen. In einer kooperativen Situation können Ratschläge durchaus Hilfestellungen sein, die dazu beitragen, das eigene Verhalten zu verändern. Die Aussage, nach der Ratschläge auch Schläge sein können, beziehen wir daher ausdrücklich auf Konflikte, die konfrontativ verlaufen. Dann, und auch nur dann, sind Ratschläge Fallstricke für eine konstruktive Bewältigung von Konflikten.

Fazit: In einem konfrontativen Streit ist es die Funktion eines Ratschlags, dem Kontrahenten von oben herab einen Schlag zu versetzen. Die Herabstufung des Kontrahenten ist strategisches Ziel des Ratschlags – denn es geht um den Sieg in einem Kampf. Und je kleiner der Kontrahent in einem Kampf wird, desto leichter kann man über ihn hinweggehen.

7. Fallstrick: Wer schreit, hat schon verloren

In diesem Abschnitt werfen wir einen Blick in die Waffenkammern der Körpersprache. Denn in unseren Konflikten kämpfen wir nicht nur mit den verbalen Waffen der Vorwürfe, Beleidigungen und Ratschläge. Nein: Stets flankieren wir unsere schlagkräftigen Argumente und verbalen Tiefschläge mit verletzenden Körpersignalen. Wir alle wissen um die Wirksamkeit einer wegwerfenden Handbewegung, eines verächtlichen oder bohrenden Blicks, eines drohenden Zeigefingers oder einer lauten und schneidenden Stimme, wenn es darum geht, den Kontrahenten in einem Streit einzuschüchtern oder ihm sogar tief gehende Verletzungen zuzufügen.

Da wir diesem Thema der nonverbalen Waffen bereits ein ganzes Buch unter dem Titel *Wer schreit, hat schon verloren!* gewidmet haben, beschränken wir uns an dieser Stelle auf einen kurzen Überblick. Generell können wir die Körperwaffen in zwei Kategorien einteilen:

1. Ein Teil der nonverbalen Signale dient dazu, dem Kontrahenten Angst vor der eigenen Körperkraft einzuflößen und ihn darüber zur kampflosen Kapitulation zu bewegen.
2. Ein anderer Teil der Körperwaffen bezweckt, den Konfliktgegner zu treffen, zu verletzen und somit kampfunfähig zu machen.

Vereinfacht ausgedrückt sollen Drohgebärden die eigene Person größer und imposanter erscheinen lassen und dem Kontrahenten dadurch Angst vor einem Übergriff einjagen. Die verletzenden Signale dagegen sollen die gegnerische Person treffen und kleiner machen. Also sind wir wieder beim Spiel aus dem vorigen Abschnitt angelangt, das da lautet: Ich mache mich groß und behandle dich von oben herab; und gleichzeitig mache ich dich klein, indem ich dich verletze.

Öffnen wir also zunächst die Tür zur ersten Waffenkammer und schauen uns die nonverbalen Mittel an, die uns größer erscheinen lassen sollen: *Drohgebärden*. Und da wir schon über Waffen sprechen, liegt die Parallele zum Militär auf der Hand: Dort sollen nämlich seit Jahrhunderten Schulterklappen die Schultern verbreitern, Mützen den Körper größer erscheinen lassen und das Trommeln der Schwerter auf den Schilden soll von der eigenen (Laut-)Stärke zeugen. In modernen Zeiten senden Truppenparaden möglichen Gegnern die medial verbreitete Botschaft: »Wir sind stark, denn wir haben ein modernes und schlagkräftiges Heer. Legt euch besser nicht mit uns an, sonst werden euch unsere jetzt noch nur zur Schau gestellten Waffen treffen.«

> Drohgebärden zeugen von der eigenen Stärke, sollen Angst einflößen und dadurch den potenziellen Gegner vor möglichen Angriffen abschrecken. Drohgebärden bezwecken die Kapitulation des Kontrahenten.

Und was machen wir zivilisierten Erwachsenen in unseren Konflikten, in denen wir gewinnen wollen?

- Wir stemmen die Hände oder Fäuste in die Hüften, stellen unsere Arme seitlich aus und verbreitern dadurch optisch unseren Oberkörper und unsere Schultern.
- Wir richten uns auf und zeigen unsere Größe.
- Wir legen den Kopf leicht in den Nacken und betrachten durch diese kleine Körpermanipulation den Gegner von oben herab.
- Wir heben die Stimme und wollen dem Gegenüber durch unsere Laut-Stärke imponieren.

Typisch Mann, so lautet die spontane Reaktion vieler Frauen: Die Restbestände fossiler Männlichkeit feiern in den oben aufgezeigten Drohgebärden fröhliche Urständ. Die Ähnlichkeiten zwischen einem lauthals streitenden Macho mit einem aufgeblasenen Primaten oder einem röhrenden Hirsch sind allzu frappierend. Und wenn ein Mann im Konflikt laut wird, dann heißt es nicht ganz zufällig: Gut gebrüllt, Löwe.

Doch Vorsicht: Bevor sich unsere Leserinnen bei der Gleichstellung von Macho und Primat allzu weit aus dem Fenster lehnen und daraus ihre höhere zivilisatorische Entwicklungsstufe ableiten, sollten sie kurz einen selbstkritischen Blick in den Spiegel werfen. Denn wie inszenieren beispielsweise Lehrerinnen ihren Körper, wenn ein achtjähriger Schüler auf dem Schulhof sich anschickt, einen Mitschüler zu beleidigen? Sie treten – genau wie der männliche Kollege es in der gleichen Situation auch tun würde – dicht an den Kleinen heran, damit dieser die körperliche Überlegenheit der Lehrerin drastisch vor Augen geführt bekommt. Sie erheben ihren drohenden Zeigefinger und fahren den Schüler mit lauter und schneidender Stimme von oben herab an: »Leo, keine Beleidigungen! Lass sofort den Kemal in Ruhe!« Drohgebärden sind nicht männlich. Ihre Wirksamkeit (= »Schau, wie groß und stark ich bin. Du sollst Angst bekommen!«) ist lediglich gebunden an wirkliche körperliche Überlegenheit. Das heißt: Gegenüber einem größeren und stärkeren Schüler aus der 10. Klasse würden körperliche Drohgebärden von Lehrerinnen (= »Schau mal, wie stark ich bin! Gib lieber klein bei, sonst ...«) lächerlich wirken und werden in diesen Situationen daher vermieden.

Statistisch gesehen werden Drohgebärden von Männern häufiger angewendet. Aber deswegen sind es noch lange keine männlichen Waffen! Körpersprachliches Drohen ist ein universelles Mittel der Abschreckung durch die Inszenierung von Größe und Stärke.

Wenden wir uns nun der zweiten Waffenkammer zu: Dort verstecken sich nämlich all die körpersprachlichen Waffen, die nicht nur die eigene Überlegenheit zur Schau stellen und somit Angst einflößen sollen – nein, diese Waffen sollen den jeweiligen Kontrahenten unmittelbar verletzen:

- Verächtliche Blicke zielen auf den Selbstwert des Gegenübers und sollen sagen: »Ich verachte dich!«
- Böse Blicke sollen den Kontrahenten treffen und verunsichern: »Ich durchbohre dich!«
- Der in Richtung Gesicht des Kontrahenten ausgestreckte Zeigefinger soll sagen: »Ich durchbohre dich!«
- Wegwerfende Handbewegungen sollen kommunizieren: »Du bist nichts! Ich werfe dich weg.«
- Das stumme Abdrehen (= kalte Schulter) und die strafende Gleichgültigkeit sollen dem Gegner bedeuten: »Für mich bist du gar nicht da, so unbedeutend bist du!«
- Das höhnische Lächeln signalisiert: »Ich verhöhne dich, denn du bist lächerlich.«

> Die körpersprachlichen Waffen der Verletzung zielen überwiegend auf den Selbstwert des Gegenübers, der mit ein paar wohlgesetzten Treffern herabgesetzt und verletzt werden soll.

Wir alle wissen, dass ein höhnisches Lachen oder ein eiskaltes Lächeln, ein entzogener Kontakt oder ein wortloses Abwenden manchmal größere seelische Schmerzen verursachen kann als eine verbale Beleidigung oder ein offener Vorwurf.

Fazit: Wer in einem Streit auch nur eine der oben aufgezeigten körpersprachlichen Waffen verwendet, verlässt die Ebene der konstruktiven Konfliktbewältigung. Denn das Ziel, dem Gegenüber durch die Darstellung körperlicher Überlegenheit Angst einzuflößen, ist ebenso destruktiv wie der Wunsch, dessen Selbstwert zu mindern und ihn dadurch besiegen zu wollen. Eine einzige wegwerfende Handbewegung, ein verächtlicher oder bohrender Blick kann einen Adressaten dazu veranlassen, den körpersprachlichen Tiefschlag mit einem Vergeltungsschlag zu beantworten. Der Konflikt wird zum Kampf. Du *oder* Ich – statt Du *und* Ich!

Zusammenfassung

Wir haben in den letzten Kapiteln die sieben wichtigsten Fallstricke vorgestellt, über die wir in Konflikten immer wieder in eine Eskalationsspirale der Vergeltung der Vergeltung der Vergeltung hineinstolpern. Wenn Sie also wissen wollen, wie man Öl ins Feuer gießen und einen schwelenden Konflikt sicher zur Explosion bringen kann, dann beherzigen Sie einfach die folgenden Anregungen.

Über sieben Fallstricke in den Kampf stolpern

1. Fallstrick: Die Freund-Feind-Spirale
Schrauben Sie sich bereits vor der eigentlichen Auseinandersetzung gedanklich immer tiefer in den Kampf hinein, indem Sie den Kontrahenten abwerten und sich von ihm distanzieren und ihn dadurch zum Feind erklären: »Dieser Idiot. Der tickt doch wohl nicht mehr ganz richtig!« Auf einen Idioten können Sie ohne schlechtes Gewissen einprügeln.

2. Fallstrick: Die Respektfalle
Unterstellen Sie Ihrem Gegenüber, dass er Sie generell nicht respektiert. Seine Verspätungen sind die Folge seiner

durchgehenden Respektlosigkeit. Das erhöht Ihre Durchschlagskraft. Denn jemanden, der Sie generell nicht respektiert, müssen Sie auch nicht respektieren. Also raus mit der Keule und immer feste drauflosgeschlagen. Schließlich wollen Sie ja nicht ewig Opfer sein!

3. Fallstrick: Du bist schuld!
Die Schuld für den Konflikt müssen Sie eindeutig der anderen Person mit ihrem respektlosen Verhalten zuschieben. So können Sie Ihre eigenen Angriffe und Gemeinheiten als notwendige Verteidigungsschläge legitimieren. Sie schlagen dann ohne schlechtes Gewissen feste zu. Und bei jedem Anflug von Mit-Leid denken Sie: Der Idiot hat schließlich angefangen. Selbst schuld!

4. Fallstrick: Vorwürfe
Vermeiden Sie die Augenhöhe mit Ihrem Kontrahenten. Begeben Sie sich in die übergeordnete Richterposition und maßen Sie sich das Urteil darüber an, was der andere richtig oder falsch macht. Verallgemeinern Sie Ihre Vorwürfe (»Du bist ja nie pünktlich!« oder »Du schreist mich immer sofort an, ohne nachzufragen!«). Dadurch richten Sie nicht nur über das konkrete Verhalten Ihres Kontrahenten, sondern über dessen Charakter. Das erhöht das Verletzungspotenzial Ihrer Vorwürfe.

5. Fallstrick: Beleidigungen
Wollen Sie Ihren Kontrahenten richtig treffen, so beleidigen Sie ihn. Machen Sie ihm deutlich, was Sie von ihm halten – nämlich nichts. Und wenn Sie ihn so richtig abstrafen wollen, dann fügen Sie noch Zynismen ein: »Das ist ja schön, dass du auch noch kommst«, oder auch: »Da ha-

ben wir ihn ja wieder – den Oberlehrer. Jetzt kann der Unterricht ja beginnen.« Suchen Sie für die beleidigenden Treffer die empfindlichsten Stellen Ihres Kontrahenten aus.

6. Fallstrick: Auch Ratschläge sind Schläge
Erteilen Sie Ihrem Kontrahenten Ratschläge, was er zu tun hat, damit er Ihren gehobenen Ansprüchen genügt. Das stärkt nicht nur Ihre Richterposition, sondern führt Ihrem Gegenüber gleichzeitig vor Augen, dass Sie auf einer höheren Entwicklungsstufe stehen als er.

7. Fallstrick: Wer schreit, hat schon verloren
Die Kraft der Argumente reicht nicht. Sie haben doch noch Körperwaffen zur Verfügung. Zeigen Sie mit Ihren Drohgebärden, wie stark Sie sind. Das macht Ihrem Kontrahenten Angst und zwingt ihn zur Kapitulation. Im Zweifelsfall ziehen Sie Ihre körpersprachlichen Geheimwaffen, mit denen Sie Ihrem Gegenüber ein paar hübsche Tiefschläge verpassen können: verächtliche Blicke, wegwerfende Handbewegungen, höhnisches Lächeln. Das trifft dessen Selbstwert und macht ihn kampfunfähig.

Nur Mut! Wenn Sie diese Ratschläge befolgen, dann haben Sie künftig keine Konflikte mehr. Mit wem auch? Sie werden gemieden. Für Sie ist die Lektüre dieses Buches bereits zu Ende. Für all die anderen Leserinnen und Leser, die Konflikte als Chance für Entwicklung begreifen, beginnt jetzt der konstruktive Teil des Buches.

Konflikte auf Augenhöhe

Im vorigen Kapitel haben wir am Beispiel des Streits um die Frage von Pünktlichkeit die wichtigsten Fallstricke herausgearbeitet, über die wir immer wieder in destruktive Muster der Konfliktbewältigung hineinstolpern. Jetzt ist es an der Zeit, die wichtigsten Prinzipien einer Selbstbehauptung aufzuzeigen, die sich neben der Durchsetzungsfähigkeit auch den Respekt des Konfliktpartners auf die Fahnen schreibt: Wertschätzung statt Entwertung, Kooperation statt Konfrontation und Kampf. Dabei ist es wichtig zu betonen, dass wir uns in diesem zweiten Hauptteil des Buches ausschließlich auf Konflikte beziehen, die wir mit Menschen haben, die auf der gleichen Hierarchiestufe mit uns stehen – also Partnerinnen und Partner, Freundinnen und Freunde, Kolleginnen und Kollegen oder einfach auch nahe oder ferne Bekannte. Dementsprechend handelt es sich um Konflikte auf Augenhöhe. Das bedeutet: Die in diesem Kapitel erarbeiteten Prinzipien für eine respektvolle Selbstbehauptung lassen sich nicht ohne Weiteres auf unsere Auseinandersetzungen mit Vorgesetzten oder auch mit nachgesetzten Mitarbeiterinnen und Mitarbeitern übertragen.

Den Konflikten mit Personen auf anderen Hierarchiestufen haben wir eigene Hauptteile gewidmet. Was jedoch nicht heißt, dass wir für unsere Streits mit vor- oder nachgesetzten Personen die Prinzipien der konstruktiven Konfliktbewältigung völlig neu erfinden müssen. Im Gegenteil: Die wichtigsten Grundlagen für eine respektvolle Durchsetzungsfähigkeit werden in diesem Kapitel erarbeitet. Für unsere Auseinandersetzungen mit Personen auf einer anderen Hierarchiestufe müssen wir lediglich einige Modifikationen vornehmen. Wenn Sie sich also dieses Buch mit der Motivation gekauft haben sollten, sich gegenüber Ihrer Chefin oder Ihrem Chef oder auch gegen Ihren Mitarbeiterinnen und Mitarbeitern besser durchsetzen zu können, so ist es dennoch ratsam, auch dieses Kapitel über die Konflikte auf Augenhöhe zu lesen. Denn hier werden wichtige Grundlagen geschaffen, die für das Verständnis aller weiteren Hauptteile erforderlich sind.

Der Kopf muss klar sein

Wir haben oben gezeigt, dass die Voraussetzungen für eine destruktive Konfliktbewältigung bereits vor dem Ausbruch des eigentlichen Streits in unseren Köpfen geschaffen werden. Der destruktive Konfliktverlauf ist dann die psychologische Konsequenz der gedanklichen Vorbereitung auf einen Kampf.

In der Konsequenz bedeutet das, dass eine konstruktive Konfliktbewältigung eine gedankliche Vorbereitung erfordert, in der wir uns schwerpunktmäßig mit uns selbst beschäftigen statt mit unserem Kontrahenten. Für diese Vorbereitung benötigen wir in der Regel nicht mehr als fünf Minuten der Selbstklärung. Die zeitliche Investition zahlt sich aus. Wir werden sehen, dass wir in der anschließenden Auseinandersetzung mit unserem Konfliktpartner durchsetzungsstark und wertschätzend für unsere Ziele eintreten können.

Also stellen wir die Uhr erneut auf Punkt 14:00 Uhr, den Zeitpunkt der Verabredung, und versetzen wir uns in die Lage der wartenden Alexandra. Im letzten Kapitel haben wir gesehen, dass sie die 23 Minuten Wartezeit genutzt hat, um ihren besten Freund Sascha in einen »blöden Macker« zu verwandeln. Und – gefangen in der Respektfalle – hat sie sich Sascha als einen durchgehend respektlosen Typ vorgestellt, der nur deswegen zu spät am verabredeten Treffpunkt erscheint, weil er Alexandra nicht genügend wertschätzt. Alexandra war 23 Minuten gedanklich außer sich, nämlich bei ihrem Freund-Feind Sascha – kein Wunder, dass sie auch in der Auseinandersetzung außer sich war vor Wut.

Die Ziele

Beginnen wir mit einem philosophisch anmutenden Satz: »Nur wer das Ziel kennt, wird auch den Weg dorthin finden.« Bevor wir uns also Gedanken über unsere Vorgehensweise in einem Konflikt machen können, müssen wir unsere Ziele definieren. Da wir den Anspruch haben, einen praxistauglichen Ratgeber zu schreiben, veranschaulichen wir die Zieldefinition anhand des bekannten Beispiels der Verabredung.

Versetzen wir uns in die Lage von Alexandra und fragen aus ihrer Perspektive: »Welche Ziele möchte ich in dem Konflikt mit Sascha eigentlich erreichen?« Die spontane Antwort wird vermutlich lauten: »Ich möchte, dass er künftig pünktlich zu unseren Treffen erscheint.« So weit, so gut.

Aber wenn das das einzige Ziel wäre, könnte sie auch lospoltern und Druck aufbauen: »Wenn du blöder Macker noch einmal zu spät kommst, werde ich mich nicht mehr mit dir verabreden!«

Aber: Druck erzeugt Gegendruck und setzt die Spirale der Vergeltung der Vergeltung in Gang. Sascha wird zurückschießen. Der gemeinsame Nachmittag ist in Gefahr, das Klima erst einmal vergiftet. Das wird aber nicht im Interesse von Alexandra sein, die sich ja auf die Verabredung mit Sascha gefreut hat und möglichst viel entspannte Zeit mit ihm verbringen möchte. Ihr eingesetzter Druck würde genau dieses Ziel konterkarieren. Denn was würde wohl passieren, wenn Alexandra ihren Freund lediglich durch den Einsatz von Druck zu dem Zugeständnis zwingt, künftig pünktlich zu sein? Mit welcher Laune wird dieser den gemeinsamen Nachmittag mit Alexandra verbringen? Und wie wird Sascha wohl an den künftigen Treffen erscheinen, wenn seine Pünktlichkeit durch Alexandras Druck von außen erzwungen wurde? Und wie lange wird die Pünktlichkeit anhalten?

Kurz und gut: Saschas Pünktlichkeit auf der Basis von Erpressung kann nicht im Interesse von Alexandra sein – die »Kollateralschäden« wären zu hoch. Stattdessen strebt sie eine langfristig tragfähige Lösung an, die nicht die Beziehung belastet. Alexandras Konfliktziele lauten also:

1. Ich möchte, dass Sascha künftig pünktlich zu den Treffen erscheint.
2. Ich möchte, dass der Konflikt – weder kurz- noch langfristig – die gute Beziehung beeinträchtigt.
3. Ich möchte nicht ständig Druck auf Sascha ausüben müssen, nur damit dieser die erzwungene Pünktlichkeit beibehält.
4. Ich möchte, dass Sascha aus innerer Motivation heraus freiwillig und dauerhaft zu den Treffen pünktlich erscheint.

Wir können die Ziele noch weiter komprimieren. Denn unter dem Strich lautet Alexandras primäres Konfliktziel:

»Ich möchte, dass Sascha auf der Basis von Einsicht – also freiwillig – zu unseren Verabredungen pünktlich erscheint.«

Sollte dieses primäre Ziel der Pünktlichkeit auf der Basis von Einsicht erreicht werden, hätte Alexandra auch ihre anderen (sekundären) Ziele verwirklicht: Die Beziehung nimmt keinen Schaden, die gute Laune bei den Verabredungen ist nicht getrübt durch einen schwelenden Konflikt, sie müsste den Druck auf Sascha nicht ständig aufrechterhalten und dieser würde die Pünktlichkeit auch längerfristig beibehalten.

Wir können diese primären und sekundären Ziele auf jeden anderen Konflikt mit Personen übertragen, die auf der gleichen Hierarchiestufe mit uns stehen:

Konfliktziele

Primäres Ziel: »Ich möchte, dass mein Konfliktpartner auf der Basis von Einsicht sein Verhalten gemäß meiner Wünsche ändert.«

Sekundäres Ziel I: »Ich möchte, dass die Beziehung durch den Konflikt nicht beeinträchtigt wird.«

Sekundäres Ziel II: »Ich möchte, dass die Verhaltensänderung dauerhaft und tragfähig ist, sodass ich nicht dauerhaft Druck ausüben muss.«

Die Wünsche

Wir haben die primären und sekundären Konfliktziele definiert. Damit ist die Richtung klar: Einzig eine konstruktive (= drucklose) Konfliktbewältigung kann gewährleisten, dass diese Ziele auch wirklich erreicht werden. Denn jede Art von Druck würde den Teufelskreis der Vergeltung der Vergeltung aktivieren und damit die sekundären Ziele unterlaufen.

Nachdem wir die Konfliktziele benannt haben, bestimmen wir den Weg dorthin. Wir werden uns fünf Fragen der Selbstklärung stellen und aus deren Antworten die wichtigsten Konfliktbotschaften sowie eine konkrete Vorgehensweise für die Auseinandersetzung selbst ableiten. Wir verstehen die fünf Fragen der Selbstklärung lediglich als Anhaltspunkt und Hilfestellung, anhand derer wir eine klare und zugleich respektvolle innere Haltung entwickeln. Diese wiederum bildet die Grundlage für eine ebensolche äußere Haltung der Klarheit und Wertschätzung.

Die Definition der primären und sekundären Ziele diente der Selbstvergewisserung, warum es unabdingbar ist, den Konflikt konstruktiv zu bewältigen. Jetzt werden wir mithilfe der ersten Frage der Selbstklärung unseren Wunsch festlegen, den wir an unseren jeweiligen Konfliktpartner herantragen möchten. Dabei ist es notwendig, dem Konfliktpartner möglichst sehr genaue Wünsche zu nennen, welches Verhalten wir uns von ihm erhoffen. Je konkreter diese Wünsche benannt werden, desto klarer ist unser Standpunkt und desto leichter fällt die konstruktive Auseinandersetzung um diese Wünsche.

Greifen wir zur Erläuterung wieder auf unser bekanntes Beispiel der Verspätung zurück. Die erste Frage der Selbstklärung, die sich Alexandra vor dem Konflikt stellt, heißt:

»Was möchte ich ganz konkret von Sascha? Wie soll er sich künftig bei unseren Verabredungen verhalten? Wie soll er handeln?«

Auch wenn wir die Frage nach dem konkreten Konfliktwunsch aus Gründen der Verständlichkeit in drei Fragen unterteilt haben: Im Kern handelt es sich um eine Frage mit zwei Variationen. Die entscheidenden Begriffe sind »verhalten« und »handeln«. Denn bei der Frage nach dem Wunsch, den wir an unsere Konfliktpartner herantragen, ist dessen ganz konkretes Verhalten gemeint, also sein Handeln und Tun – und nicht seine innere Einstellung (»Er soll mich gefälligst respektieren«, »Er soll erkennen, dass ...«).

Die Antwort auf die Fragen nach dem Wunsch wird vermutlich lauten: »Ich möchte, dass Sascha pünktlich zu unseren Treffen erscheint. Und als Notlösung wünsche ich mir, dass er mich bei absehbarer Verspätung rechtzeitig auf meinem Handy anruft.«

Ein zweiter Fehler bei der Formulierung unserer Wünsche, die wir an unseren jeweiligen Konfliktpartner herantragen, besteht häufig darin, dass wir unsere Wünsche zu allgemein oder zu vage fassen: »Ich möchte, dass du möglichst pünktlich zu unseren Verabredungen erscheinst«, »Ich möchte, dass du dich mehr im Haushalt engagierst«, »Ich möchte, dass du mehr Ordnung hältst«, »Ich möchte, dass du die Ausarbeitung früher abgibst«.

In allen vier Fällen könnte sich der angesprochene Konfliktpartner in die Unverbindlichkeit retten, indem er vage Absichtserklärungen formuliert und damit die Auseinandersetzung um konkrete Punkte in die Beliebigkeit überführt: »Klar, mache ich.« Oder auch: »Okay, ich versuch's.«

Die erste Frage der Selbstklärung vor einem Konflikt lautet demnach:

> *1. Frage – Wunsch*: Was genau möchte ich von meinem Konfliktpartner? Wie soll er sich ganz konkret verhalten? Welche Handlungen wünsche ich mir von ihm?

Die Bedürfnisse

Die Ziele sind definiert und der konkrete Wunsch an den Konfliktpartner ist formuliert – jetzt ist der Weg das Ziel. Wir schreiten also fort auf dem Pfad der gedanklichen Konfliktvorbereitung durch Selbstklärung und fragen aus der Sicht von Alexandra: »Was ist eigentlich mein Problem?« Spontan wird sie auf diese Frage antworten: »Mein Problem ist, dass Sascha immer zu spät kommt zu unseren Verabredungen« – und schon ist sie wieder bei Sascha gelandet, statt bei sich und ihrem Problem zu bleiben. Um dieses Außer-sich-Geraten zu vermeiden, müssen also alle Antworten von Alexandra, die sich um Sascha drehen, zurückgewiesen werden.

Kreisen wir daher Alexandra mit weiteren Fragen ein:

• »Hättest du das gleiche Problem mit Saschas Verspätung, wenn euer Treffpunkt nicht am Golsheimer Platz bei drei Grad Nieselregen, sondern in einem Strandcafé auf Mallorca bei angenehmen 25 Grad Celsius wäre?« Vermutlich wird Alexandra antworten: »Natürlich wäre das nicht so schlimm, aber blöd wäre es trotzdem.«

• »Wäre es auch dann blöd, wenn ihr ohnehin einfach nur ein wenig bummeln wolltet und du deinen Tag ausschließlich für Müßiggang eingeplant hättest?« Alexandras Antwort: »Nein, dann wäre Saschas Verspätung fast schon egal.«

• »Und wenn du im Gegenteil schon die ganze Zeit vor der Verabredung spazieren gegangen wärest und jetzt endlich die Gelegenheit hättest, ein wenig zu sitzen und zu entspannen – wie wäre die Situation für dich dann?« Die mürrische Antwort: »Natürlich wäre ich dann nicht mehr sauer! Aber das kann man doch nicht mit der Situation am Golsheimer Platz vergleichen!«

Doch, man kann! Genau genommen muss man die beiden Situationen sogar miteinander vergleichen, um herauszuarbeiten, worin genau Alexandras Problem besteht. Denn wenn sie – bei den gleichen 23 Minuten Verspätung – in Deutschland bei drei Grad Nieselregen auf Sascha sauer ist, es auf Mallorca bei 25 Grad Celsius aber nicht wäre, dann liegt das Problem nicht bei Sascha, sondern bei Alexandra. Konsequent zu Ende gedacht lautet ihr Problem in ihrem hektischen Alltag in Deutschland:

1. »Ich habe zu Hause alles stehen und liegen lassen, um pünktlich zu sein. Und jetzt stehe ich hier 23 Minuten und warte auf Sascha. Für mich ist das hier tote Zeit, die ich nicht sinnvoll für mich nutzen kann.«
2. »Da mir diese Zeit fehlt, komme ich in Zeitdruck. Denn die Arbeit zu Hause erledigt sich nicht von selbst.«

3. »Ich habe mich auf die Zeit mit Sascha gefreut. Jetzt stehe ich vor der Alternative, entweder die gemeinsame Zeit mit ihm zu kürzen oder bei meinen sonstigen Arbeiten in Verzug zu geraten.«

4. »Die Wartezeit bei drei Grad Nieselregen ist nicht angenehm. Mein Problem ist, dass ich durchgefroren und nass bin. Und außerdem ist das ein ungemütlicher und lauter Platz. Die Wartezeit hier ist für mich äußerst unangenehm.«

Sie sehen: Der kurze Ausflug nach Mallorca hat sich gelohnt. Eben weil Welten zwischen den beiden Situationen liegen, wurde deutlich, worin genau Alexandras Problem besteht: Wegen Saschas Verspätungen kann sie nicht so über ihre Zeit verfügen, wie sie es gerne täte. Und das sowohl quantitativ (fehlende Zeit, Zeitdruck) als auch qualitativ (kalt, nass, laut). Diese Beschreibung des Problems ist doch viel differenzierter und treffender als die Aussage: »Mein Problem ist, dass Sascha nicht pünktlich ist.« Denn bei dieser Aussage lautet die Grundformel: »Ich habe ein Problem, weil du ...« (»Ich ..., weil du ...«). Bei den Antworten auf die Fragen oben lautet die Problembeschreibung dagegen: »Ich habe ein Problem, weil ich ...« (also: »Ich ..., weil ich ...«). Auf einen Nenner gebracht:

> Nicht mein Konfliktpartner ist das Problem, sondern ich habe ein Problem.

Halten wir also fest: Alexandra hat ein großes Problem damit, am Golsheimer Platz 23 Minuten auf ihren Freund zu warten. Dieses Problem hat mit ihrer Situation (Zeitknappheit), den Umständen auf dem Platz (nass, kalt, laut) und ihren Erwartungen (möglichst viel Zeit mit Sascha verbringen) zu tun. Das Problem wird natürlich durch Saschas Verspätung ausgelöst, aber nicht verursacht. Die Ursachen für Alexandras Probleme und damit ihren Ärger sind in ihr selbst begründet.

> Ein Problem ist ein unerfülltes Bedürfnis. Das Problem beschreibt den Negativzustand und das darin versteckte Bedürfnis den Positivzustand.

Wenn wir davon ausgehen, dass ein Problem ein unerfülltes Bedürfnis ist, dann folgern wir: Alexandra hat das starke Bedürfnis, über ihre knappe Zeit frei und selbstbestimmt verfügen zu können – und das sowohl quantitativ als auch qualitativ. Und dieses Bedürfnis kann sich Alexandra so lange nicht erfüllen, wie sie sich mit Sascha verabredet und dieser zu spät zu den vereinbarten Treffen erscheint. In diesen Situationen verfügt Sascha indirekt über Alexandras Zeit.

Doch was kann Alexandra tun, damit sie sich ihr Bedürfnis nach selbstbestimmter Verfügung über ihre knappe Zeit erfüllen kann? Im Zusammenhang mit Sascha bleiben ihr drei Möglichkeiten:

1. Sie kommt künftig selbst zu spät zu den Treffen.
2. Sie verzichtet auf Verabredungen mit Sascha.
3. Sie versucht ihren Freund dazu zu bewegen, dass er sein Verhalten ändert und künftig – auf der Basis von Einsicht – pünktlich zu den Treffen erscheint.

Schließen wir die ersten beiden Möglichkeiten einfach aus. Denn erstens gehen sie beide auf Alexandras Kosten, die ja möglichst viel Zeit mit ihrem Freund verbringen möchte. Und zweitens kann sie ja immer noch darauf zurückgreifen, wenn ihr die Veränderung der Situation misslingen sollte. Bleibt also zunächst nur die dritte Möglichkeit: Alexandra wird in einem Konfliktgespräch versuchen, Sascha dafür zu gewinnen, dass dieser künftig pünktlich zu den Treffen erscheint – oder notfalls mittels eines rechtzeitigen Anrufs seine Verspätung ankündigt. Werden diese beiden Wünsche von Sascha akzeptiert und in die Tat umgesetzt, kann sich Alexandra ihr Bedürfnis nach selbstbestimmter Verfügung über ihre Zeit erfüllen.

Wunsch und Bedürfnis sind demnach nicht identisch:

Ein *Wunsch* richtet sich immer an eine andere Person und beantwortet die Fragen: Was möchte ich genau von dir? Wie sollst du dich konkret verhalten? Wie wünsche ich mir dein Handeln?

Ein *Bedürfnis* bezieht sich immer auf die eigene Person und beantwortet die Fragen: Was habe ich davon, wenn du dich entsprechend meines Wunsches verhältst? Wie verbessert sich ganz konkret meine Lebenssituation?

Unsere Wünsche in Konflikten liegen in der Regel relativ klar auf der Hand. Wir können sie schnell und ohne viele Überlegungen formulieren. Über die Grundlage unserer Wünsche jedoch – unsere Bedürfnisse – denken wir selten nach. Vielmehr sind wir überwiegend damit beschäftigt, darüber zu sinnieren, was unser Konfliktpartner doch für ein respektloser Typ ist, dass er nicht automatisch und selbstverständlich das tut, was wir von ihm möchten. Dabei genügen ein bis zwei ganz einfache Fragen, um die Grundlage für eine respektvolle Selbstbehauptung – die klare Äußerung unserer Bedürfnisse – zu legen.

Übertragen wir abschließend diese gedankliche Vorbereitung auf andere Konflikte, um einen zusätzlichen kleinen Trainingseffekt zu erzielen:

Wunsch: »Ich möchte, dass mein Kollege seine Tassen, Akten und Kleidungsstücke in unserem gemeinsamen Büro auf die dafür vorgesehenen Plätze zurückstellt.« Die Frage nach dem dahinter verborgenen *Bedürfnis* lautet: »Was habe ich davon, wenn er sich meinen Vorstellungen in Sachen

Ordnung annähert oder gar anpasst? Wie verbessert sich dadurch für mich die Situation in unserem Büro?« Die Antwort verrät das eigene *Bedürfnis*: »Ich würde mich in dem Büro, in dem ich täglich acht Stunden verbringe, wohler fühlen.« In Bezug auf potenzielle Konflikte heißt das: »Ich möchte mich in dem gemeinsamen Büro so wohlfühlen, dass ich mich dort gerne aufhalte und gut und konzentriert arbeiten kann.«

Wunsch: »Ich möchte, dass mein Partner zweimal pro Woche den Einkauf und das Kochen übernimmt.« Die Frage nach dem dahinter verborgenen *Bedürfnis* lautet: »Was habe ich davon, wenn er diese Hausarbeiten übernimmt? Wie verbessert sich dadurch meine Lebenssituation?« Die Antwort könnte lauten: »Dann hätte ich mehr Freizeit und könnte wieder Sport machen oder mal ein Buch lesen.« Das zentrale *Bedürfnis* hinter dem Konflikt ist also: »Ich brauche mehr Freizeit für Sport und Entspannung.«

Die zweite Frage der Selbstklärung vor einem Konflikt lautet daher:

> *2. Frage – Bedürfnisse:* Was habe ich davon, wenn du dich gemäß meines Wunsches verhältst? Wie verbessert sich dadurch meine aktuelle Situation? Warum also will ich die gewünschte Verhaltensänderung von dir?

Die Selbstgewissheit

Leistungssportlerinnen und Leistungssportler wissen: Ein Wettkampf wird häufig im Kopf entschieden. Daher gibt es mittlerweile in vielen Sportarten sogenannte Mentaltrainer, die im Vorfeld von Meisterschaften ihre Schützlinge gedanklich so einstellen, dass diese im Ernstfall über sich hinauswachsen und den jeweiligen Wettkampf auch tatsächlich gewinnen können.

Was im Bereich des Sports eine notwendige Voraussetzung für Spitzenleistungen ist, macht auch im Konfliktbereich Sinn: Die mentale Vorbereitung entscheidet maßgeblich darüber mit, ob wir im Ernstfall in unsere eingeschliffenen Automatismen der Vergeltung der Vergeltung der Vergeltung zurückfallen, oder ob es uns gelingt, durchsetzungsstark und respektvoll für unsere Interessen zu kämpfen. Aber selbst wenn es uns in einem Konflikt gelingen sollte, bei uns zu bleiben und konstruktiv vorzugehen, so müssen wir dennoch damit rechnen, dass sich unser Gegenüber destruktiv verhält, indem es uns attackiert.

Also bereiten wir uns in diesem Abschnitt gedanklich darauf vor, dass uns der Kontrahent unterhalb der Gürtellinie angreifen wird, indem er versucht, uns unsere Bedürfnisse in Abrede zu stellen, oder diese sogar ins Lächerliche zieht:

Alexandra: »Mir fehlen diese 23 Minuten Wartezeit. Ich hätte sie dringend für meine Bachelor-Arbeit gebraucht (Bedürfnisäußerung), die ich zu Hause liegen gelassen habe, um pünktlich hier zu sein.«

Sascha: »Mein Gott, diese paar Minuten Verspätung. Stell dich doch nicht so an. Das kann doch mal vorkommen. Da muss man dann doch keinen Staatsakt draus machen. Du bist vielleicht empfindlich. Außerdem hast du doch sowieso erst in drei Monaten Abgabe. Nun stell dich mal nicht so an!«

Alexandras reflexhafte Entgegnung auf eine derartige Reaktion wäre vermutlich der verteidigende Gegenschlag:

»Ich bin nicht empfindlich! Das waren fast 30 Minuten. Und du kommst jedes Mal zu spät, wenn wir uns treffen. Und jetzt erinnere dich mal, wie empfindlich du warst, als du deine Meisterprüfung hattest. Du warst über Wochen überhaupt nicht ansprechbar, so nervös warst du.«

Menschlich ist Alexandras verteidigender Vergeltungsschlag natürlich verständlich – und dennoch setzt er die Eskalationsspirale der Vergeltung der Vergeltung in Gang. Also gilt es, diesen Kreislauf zu durchbrechen. Die wirksamste Möglichkeit, sich gegen die Angriffe auf unsere Bedürfnisse zu schützen, besteht darin, sich vor dem eigentlichen Konflikt noch einmal deutlich zu machen, dass unsere Bedürfnisse legitim sind und niemand sie in Abrede stellen kann.

So kann Alexandra die 23 Minuten Wartezeit sinnvoll nutzen, indem sie sich vergegenwärtigt, dass ihr Bedürfnis nach selbstbestimmter Verfügung über ihre Zeit absolut gerechtfertigt ist. Ihr innerer Monolog könnte wie folgt aussehen:

»Angesichts meiner Bachelor-Arbeit ist es absolut okay, wenn ich sorgfältig mit meiner Zeit umgehe und Leerlauf nach Möglichkeit vermeide. Das ist mein Recht und das lasse ich mir auch nicht ausreden. An diesem Punkt bin ich empfindlich – das heißt, ich empfinde mein Bedürfnis nach Verfügung über meine Zeit als absolut gerechtfertigt.«

Klingt einfach und logisch – ist es aber nicht. Die meisten von uns haben es nicht gelernt, auf die eigenen Bedürfnisse zu achten und sie auch wertzuschätzen: »Kinder, die was wollen, kriegen was auf die Bollen.« Gerade viele Frauen haben noch veraltete Rollenklischees übernommen, nach denen es zur weiblichen Identität gehört, eigene Bedürfnisse denen anderer Menschen (Männer, Kinder) unterzuordnen. Kein Wunder, dass sie es häufig doppelt schwer haben, ihre eigenen Bedürfnisse für wichtig zu halten.

Wenn es uns selbst nicht gelingt, unsere Bedürfnisse ernst zu nehmen und diese auch wertzuschätzen, wieso sollte es dann unser jeweiliger Konfliktpartner tun?

Die nächste wichtige Frage im Vorfeld eines Konflikts, die wir uns stellen und möglichst positiv beantworten sollten, lautet demnach: »*Stehe ich voll und ganz hinter meinen Bedürfnissen?*« Falls wir auch nur im Geringsten daran zweifeln, werden wir beim kleinsten Angriff unseres Kontrahenten umkippen und unnötige Zugeständnisse machen, die auf Kosten der Erfüllung unserer Wünsche und Bedürfnisse gehen. Gestehen wir uns also zu: »An diesem Punkt bin ich empfindlich und kleinlich, pingelig und unflexibel. Und das ist auch gut so! Denn es geht um meine Bedürfnisse. Und zu denen stehe ich!«

> Nur wer innerlich fest und sicher zu sich und seinen Bedürfnissen steht, kann in einem Konflikt auch einen festen Standpunkt entwickeln. Und genau der ist notwendig, wenn wir uns unsere Bedürfnisse erfüllen wollen.

Einige Beispiele:

- »Verdammt, stell dich doch nicht so an wegen der paar Minuten. Du bist vielleicht empfindlich in letzter Zeit.« Wenn wir uns darüber klar geworden sind, dass wir alles Recht der Welt haben, über unsere knappe Zeit selbstbestimmt zu verfügen, dann können wir souverän antworten: »Genau an diesem Punkt bin ich empfindlich, deswegen spreche ich ihn ja auch an: Ich brauche jede freie Minute. Für mich sind 23 Minuten keine Kleinigkeit.«
- »Was soll das denn jetzt? Die paar Akten, die hier rumliegen. Du mit deinem Ordnungsfimmel.« Wir müssen für uns einwandfrei geklärt haben, dass es legitim ist, auf ein gewisses Maß an Ordnung im Büro zu pochen, um uns dort wohlzufühlen. Schließlich gibt es keinen Ort in unserem Leben, an dem wir so viel aktive Zeit verbringen wie an unserem Arbeitsplatz: »Ja, ich lege großen Wert auf Ordnung. Da bin ich kleinlich. Ich brauche eine gewisse Ordnung, um mich hier im Büro wohlzufühlen.«
- »Meine Güte! Du mit deiner neuen Aufteilung. Andere Männer müssen auch nicht im Haushalt arbeiten – auch wenn deren Frauen berufstätig sind. Du weißt, wie hart mein Job ist. Ich gehe ohnehin schon auf dem Zahn-

fleisch!« Wir müssen mit ganzem Herzen hinter unserem Bedürfnis nach mehr Freizeit stehen, sonst haben wir im Konflikt gegen den Partner keine Chance: »Nein, tut mir leid: Ich habe genau wie du einen Fulltime-Job – und zusätzlich fast den gesamten Haushalt am Bein. Auch ich bin gestresst und brauche wieder Zeit für mich, um zum Beispiel wieder Sport machen zu können. Ich möchte genau wie du meinen Hobbys nachgehen können. Das ist absolut legitim. Ich brauche mehr Freizeit!«

Spüren Sie die Klarheit des Standpunkts in den drei Beispielen? Wir sprechen in diesem Zusammenhang nicht ganz zufällig von Selbst-bewusst-sein – nämlich sich der Legitimität der eigenen Bedürfnisse bewusst zu sein.

Die dritte Frage der Selbstklärung vor einem Konflikt lautet:

> *3. Frage – Selbstbewusstsein*: Kann ich wirklich mit ganzem Herzen zu meinen Bedürfnissen stehen – auch wenn die Gegenseite versuchen wird, mir die Legitimität meiner Bedürfnisse in Abrede zu stellen und mich an diesen Stellen lächerlich zu machen?

Der wertschätzende Blick

Wir haben im ersten Hauptteil des Buches gesehen, wie leicht wir über die Respektfalle in einen destruktiven Konflikt hineinstolpern können. Also gilt es, bereits im Vorfeld einer Auseinandersetzung die Weichen richtig zu stellen und diese Falle zu umgehen. Dabei könnten wir es uns sehr leicht machen und behaupten: Wenn wir in der Vorbereitung auf einen Konflikt gedanklich vollkommen bei uns bleiben, können wir überhaupt nicht in die Respektfalle stolpern. Denn das Wesensmerkmal der Respektfalle ist es ja, dass wir uns vor einem Streit sehr viele Gedanken um unseren Konfliktpartner machen und uns immer stärker in die Idee hineinsteigern, dass dieser uns in keiner Weise respektiert. Also könnte die einfache Empfehlung lauten: Machen wir uns im Vorfeld eines Konflikts lediglich Gedanken über unsere eigenen Ziele, Wünsche und Bedürfnisse, dann umgehen wir die Respektfalle ganz automatisch.

Doch dieser Weg funktioniert selten. Denn dass wir uns keine Gedanken über unsere Konfliktpartner machen, ist mehr als unwahrscheinlich. Immer wieder ertappen wir uns dabei, dass wir uns trotz aller Selbstbesinnung in abwertende Gedanken über unser jeweiliges Gegenüber hineinsteigern:

- »Mein Freund respektiert mich nicht, und deswegen kommt er laufend zu spät.«
- »Meiner Kollegin sind meine Gefühle egal, und daher verbreitet sie so ein Chaos in unserem gemeinsamen Büro.«
- »Mein Partner wertschätzt mich überhaupt nicht; deswegen drückt er sich immer darum, das Bad zu putzen.«

Um diese Respektfalle mit ihren abwertenden Gedanken zu umgehen, spielen wir einfach mal durch, welche wohlwollenden Gründe es für das uns störende Verhalten unseres Gegenübers geben könnte. Fragen wir also: »Warum, wenn nicht aus Respektlosigkeit, kommt der Freund zu spät?« Wir können unterschiedliche Abstufungen vornehmen:

1. Die Gründe für die heutige Verspätung liegen nicht bei meinem Freund, sondern seine Unpünktlichkeit wurde durch äußere Umstände verursacht: Stau, Verspätung der Bahn, die Kinder sind krank, dringender Anruf in letzter Minute etc.

2. Die Gründe liegen bei unserem Freund, haben aber nichts mit mir zu tun: Er hat sich die Zeit falsch eingeteilt; er hat sich übernommen; er macht alles auf den letzten Drücker; er setzt sich zu viele Termine auf einmal; er sieht das mit der Frage der Zeit bei Verabredungen lockerer etc.

Bei einer einmaligen Verspätung des Freundes wäre es wohl naheliegender, den ersten Punkt geltend zu machen: Widrige Umstände haben zu der Verspätung geführt. Bei wiederholten Verspätungen dagegen würden wir eher zu der zweiten Auslegung tendieren: Überlastung; Chaos; lockerer Umgang mit Zeit. Bei beiden Punkten aber ist die wichtige Voraussetzung erfüllt, dass wir nicht in die Respektfalle getreten sind. Stattdessen haben wir relativ wohlwollende Gründe für das uns störende Verhalten benannt, die wiederum nichts mit uns zu tun haben und schon gar nicht gegen uns gerichtet sind:

● »Sascha hat sich mal wieder zu viel aufgehalst. Aber das ist für ihn normal. Er hat eine andere Gewohnheit, seine Zeit einzuteilen, und auch eine andere Vorstellung von Pünktlichkeit. Aber irgendwie kriegt er das für sich trotz seines Zeitchaos immer wieder hin.«

● »Die Kollegin hat eben ein anderes Ordnungsgefühl als ich. Sie stört es überhaupt nicht, wenn das gemeinsame Büro nicht aufgeräumt ist. Im Gegenteil. Für sie ist das normal – das ist ihre Vorstellung von Ordnung, in der sie sich wohlfühlt.«

● »Der Ehemann sieht die Haare im Bad nicht – geschweige denn, dass sie ihn stören. Und im Zweifelsfall putzt und poliert er lieber das Auto, als dass er ein Bad putzt, das in seinen Augen sauber ist.«

Die wohlwollende Unterstellung von Gründen, die ausschließlich mit unserem Gegenüber – und nichts mit uns –
zu tun haben, schützt uns vor der gedanklichen Vorverurtei-
lung des Kontrahenten – der Respektfalle.

Das Risiko eines »vergeltenden Erstschlags« in der Auseinandersetzung ist so minimiert und der Grundstein für eine respektvolle und dennoch durchsetzungsstarke Konfliktbewältigung gelegt. Wenn wir die Gedanken einer wohlwollenden
Betrachtung der Gründe unseres Konfliktpartners weiter-
spinnen, werden wir in fast allen Konflikten entdecken, dass
wir uns über Handlungen unseres jeweiligen Konfliktpartners ärgern, die dieser in vielen ähnlichen Situationen und
auch vielen anderen Menschen gegenüber äußert:

- Sascha kommt auch zu den meisten Terminen mit anderen Personen zu spät.
- Nicht nur in unserem Büro, sondern auch in der Wohnung der Kollegin und in ihrem Auto sieht es – in meinen
  Augen – unordentlich aus.
- Der Partner putzt auch sein eigenes Arbeitszimmer nicht
  so regelmäßig und gründlich, wie ich meine Räume
  putze.

Wenn es sich also durchaus um charakteristische Wesenszüge
handelt, die das jeweilige Verhalten unseres Konfliktpartners
begründen, dann sollten wir nicht den Fehler begehen, einen
kausalen Zusammenhang zu konstruieren: »Du putzt nicht,
weil du mich nicht respektierst.« Unser Partner hat andere
Vorstellungen von Sauberkeit und andere Prioritäten bezüglich der zu erledigenden Aufgaben – aber das heißt nicht, dass
er uns nicht respektiert. Mit einem Partner, der uns nicht respektiert, lohnt auch keine Debatte über Putzpläne. Mit ihm
müssten wir ganz grundsätzlich unsere Beziehung klären.

Aber dann hätten wir auch eine ganz andere Dimension von Konflikt erreicht, in dem wir uns weniger Gedanken um die Fragen des Haushalts statt um unsere Perspektiven in Sachen gemeinsamer Beziehung machen sollten.

Die vierte Frage zur Selbstklärung vor einem Konflikt lautet demnach:

> *4. Frage – Vermeidung der Respektfalle*: Welche wohlwollenden Gründe (die nichts mit mir direkt zu tun haben und die schon gar nicht gegen mich gerichtet sind) kann ich für das mich störende Verhalten meines Konfliktpartners finden?

Der Nutzen

Das Wesensmerkmal einer konstruktiven Konfliktbewältigung besteht darin, Lösungen zu finden, denen beide Konfliktpartner freiwillig und selbstbestimmt zustimmen können. Wenn wir diesen Gedankengang noch ein wenig weiterverfolgen, können wir sagen: Einer Lösung in einem Konflikt kann mein Konfliktpartner nur dann freiwillig und selbstbestimmt zustimmen, wenn er darin für sich auch einen Nutzen erkennen kann. Neudeutsch sprechen wir dann von einer »Win-win-Lösung« – ein Konfliktergebnis, bei dem beide Parteien gewinnen. Ein Gewinn muss zwangsläufig einen Nutzen abwerfen, sonst wäre er kein Gewinn!

Über die eigene Seite der Win-win-Lösung, nämlich unsere Bedürfnisse, haben wir uns in den letzten Abschnitten bereits ausreichend Gedanken gemacht. Worin aber, so fragen wir jetzt, könnte der mögliche Gewinn für unseren jeweiligen Konfliktpartner bestehen?

Also stellen wir die Frage: Welchen Nutzen (= Gewinn) kann ich meinem Konfliktpartner dafür in Aussicht stellen, dass er sich gemäß meiner Wünsche verhält? Was hat er davon?

Der Zweck dieser Fragestellung ist klar:

> Je größer der Nutzen ist, den ein Konfliktpartner in der vor-
> geschlagenen Lösung für sich erkennen kann, desto größer
> wird dessen Bereitschaft sein, dieser Lösung freiwillig und
> selbstbestimmt zuzustimmen.

Es kann in einem Konflikt durchaus sinnvoll sein, dem jeweiligen Konfliktpartner seinen möglichen Nutzen auch zu nennen.

Spielen wir diese theoretischen Gedankengänge an einigen konkreten Beispielen durch.

Fragen wir zunächst stellvertretend für Alexandra: »Welchen Nutzen kann ich Sascha dafür in Aussicht stellen, dass er künftig pünktlich zu unseren Treffen erscheint?« Die Antwort könnte lauten: »Da ich wegen meiner derzeitigen Zeitknappheit (Bachelor-Arbeit) die verspäteten Minuten nicht einfach hinten dranhängen kann, hätten wir bei pünktlichen Treffen mehr Zeit für uns.« Vorausgesetzt, auch Sascha hat das Bedürfnis, möglichst viel Zeit mit seiner Freundin Alexandra zu verbringen, wäre genau das sein Nutzen: mehr Zeit mit Alexandra. Von diesem Bedürfnis kann man bei einer guten Freundschaft durchaus ausgehen. Also kann Alexandra ihrem Freund eine handfeste Win-win-Situation für den Fall in Aussicht stellen, dass dieser künftig pünktlich zu den Treffen erscheinen wird:

»Mensch, Sascha. Meine Bachelor-Arbeit brennt mir unter den Nägeln. Und die 23 Minuten, die ich jetzt hier warte, fehlen mir bei meiner Arbeit. Ich kann unser Treffen nicht einfach um 23 Minuten nach hinten verlängern. Dann komme ich zeitlich in absolute Bedrängnis. Mir ist die Zeit mit dir aber wichtig. Je pünktlicher du kommst, desto mehr Zeit haben wir für uns. Und je mehr du dich verspätest, desto hektischer wird unser Treffen. Ich möchte aber in

Ruhe erfahren, wie es dir geht.« Eine absolut vorwurfsfreie Bedürfnis- und Nutzen-Argumentation – klar und überzeugend.

Aber das nächste Beispiel zeigt, dass es auch Konfliktkonstellationen gibt, in denen eine Nutzen-Argumentation nicht greift. Denn welchen Nutzen kann der Mitarbeiter seinem Kollegen im gemeinsamen Büro dafür anbieten, dass dieser sich ihm ordnungsmäßig anpasst? Dass auch er sich wohler fühlen wird? Wohl kaum! Dass er seine Unterlagen schneller finden wird? Mit Sicherheit nicht! Bliebe nur der Nutzen, dass eine einvernehmliche Lösung das gute kollegiale Verhältnis fördert. Aber die daraus resultierende Nutzen-Argumentation scheint uns in einem Konflikt eher kontraproduktiv zu sein:

»Mensch, Thomas, du profitierst doch auch davon, wenn du ein bisschen mehr aufräumst: Ich fühle mich dann wohler im Büro, bin nicht mehr sauer auf dich und dadurch verbessert sich unser kollegiales Verhältnis auch wieder. Ist doch auch für dich von Vorteil, oder nicht?« Der Kollege Thomas wird diese Art von direkter Nutzen-Argumentation (= bessere Beziehung) vermutlich sehr befremdlich finden. Denn die heimliche Botschaft dieser Nutzen-Argumentation lautet: »Ich bin wegen deines Bürochaos schlecht gelaunt in letzter Zeit. Wenn du aufräumst, hast du den Nutzen, dass ich wieder gut gelaunt bin.« Das könnte man auch als verdeckte Erpressung bezeichnen.

Das bedeutet: Besteht der Nutzen für den Konfliktpartner lediglich darin, dass sich die durch sein Fehlverhalten belastete Beziehung wieder verbessert, so ist es ratsam, diesen »Nutzen« in dem Konflikt nicht zu nennen.

Die Fragestellung nach einem Nutzen, der sich in einen Konflikt integrieren ließe, müsste demnach lauten: »Gibt es einen Nutzen, den ich meinem Konfliktpartner dafür in Aussicht stellen kann, dass er sein Verhalten gemäß meiner Wünsche ändert? Dieser Nutzen darf nicht die Verbesserung der – durch den schwelenden Konflikt getrübten – Beziehung sein!«

Hier einige positive Beispiele für eine Nutzen-Argumentation in Konflikten:

- »Frau Steiner, wenn ich von Ihnen die Zusage bekomme, dass Tom bei Ihnen zu Hause künftig keine Gewaltfilme mehr zu sehen bekommt, dann kann ich ihn unbedenklich jeden Tag zu Ihnen kommen lassen, damit er mit Ihrem Sohn spielen kann. Das ist doch auch in Ihrem Sinne, zumal Sie entlastet sind, wenn die beiden zusammen spielen.« *Nutzen* für Frau Steiner: Die beiden Kinder sind glücklich und Frau Steiner ist entlastet.

- »Herr Nachtweih, ich möchte, dass Sie Ihren Sohn Marvin nicht mehr dazu ermuntern, in der Schule seine Konflikte mit den Fäusten zu klären. Sie vermeiden dadurch, dass sich Marvin in der Klasse isoliert und zum Außenseiter wird. Er wird wieder neue Freunde gewinnen und in den Pausen mit anderen Kindern spielen.« *Nutzen* für den Vater: Integration des Sohnes in den Klassenverband.

- »Niels, ich weiß, wie wichtig dir ein neues Rennrad ist. Aber wenn du mit der Anschaffung noch ein Jahr wartest, können wir in diesem Sommer endlich wieder in Urlaub fahren. Und du weißt, wie sehr wir diese Urlaube in den letzten Jahren vermisst haben, wie erholt wir noch Monate nach dem Urlaub waren. Und außerdem waren die gemeinsamen Urlaube auch immer gut für unsere Beziehung.« *Nutzen* für den Mann: Erholung, Stressfreiheit und Verbesserung der Beziehung.

Das letztgenannte Beispiel bedarf einer kurzen Erläuterung, denn auf den ersten Blick scheinen wir uns damit selbst in den Rücken gefallen zu sein: Wir hatten doch die Verbesserung der Beziehung als Nutzen-Argumentation ausgeschlossen. Doch dieser Fall ist anders gelagert: Wir hatten gesagt, dass sich die Nutzen-Argumentation einer Verbesserung der Beziehung nur für den Fall verbietet, dass deren vorherige Verschlechterung durch den schwelenden Konflikt verursacht wurde. Also:

- »Meine Laune und dadurch auch unsere Beziehung leiden unter deiner Unpünktlichkeit. Sei pünktlich, und du hast den Nutzen, dass ich wieder gut gelaunt bin.«
- »Unser gutes kollegiales Klima ist durch deine Unordnung getrübt. Räum auf, und wir sind wieder gute Kollegen.«

Diese beiden Beispiele stehen für eine erpresserische Nutzen-Argumentation. Denn die schlechte Beziehung war das Ergebnis des jeweils schwelenden Konflikts um die Pünktlichkeit bzw. Unordnung. Im Urlaubsbeispiel von oben ist diese Koppelung dagegen nicht gegeben: Die Beziehung des Paares ist nicht aufgrund des Konflikts um den anstehenden Rennradkauf getrübt, sondern die Eintrübung ist eine Folge des stressigen Alltags. Folglich ist die Nutzen-Argumentation (»Ein Urlaub frischt unsere Beziehung auf«) nicht erpresserisch.

Der mögliche Erfolg einer Nutzen-Argumentation in einem Konflikt hängt von einem ganz entscheidenden Punkt ab: der Stärke des Bedürfnisses des Konfliktpartners. Sollte Frau Steiner der Kontakt ihres Sohnes mit Tom nicht wichtig sein, wird sie das Zugeständnis auf Verzicht von Gewaltfilmen nicht machen. Wenn Herrn Nachtweih die Integration seines Sohnes in den Klassenverband sehr am Herzen liegt, wird er – entgegen seiner bisherigen Überzeugung – Marvin nicht mehr dazu ermuntern, sich mit Fäusten zu wehren. Und auch Niels wird den Kauf des neuen Rennrads nur dann verschieben, wenn ihm das Bedürfnis nach gemeinsamer Entspannung und Erholung sowie die Auffrischung der Beziehung wichtiger sind als das neue Rennrad.

In der Konsequenz bedeutet das: Wir sollten uns vor einem Konflikt eine Minute mit der Frage beschäftigen, ob wir unserem jeweiligen Gegenüber einen Nicht-Beziehungs-Nutzen dafür anbieten können, dass er sein Verhalten unseren Wünschen anpasst. Dabei gilt der Grundsatz:

> Je stärker das Bedürfnis, auf das sich die Nutzen-Argumentation bezieht, bei unserem Konfliktpartner ausgeprägt ist, desto größer die Wahrscheinlichkeit, dass dieser sein Verhalten ändert: Du und ich – wir beide können von der Lösung profitieren.

Die fünfte Frage der Selbstklärung vor einem Konflikt lautet daher:

> 5. *Frage – Nutzen:* Kann ich meinem Konfliktpartner einen Nutzen – außer der Verbesserung unserer (durch den schwelenden Konflikt getrübten) Beziehung – dafür anbieten, dass er sein Verhalten gemäß meiner Wünsche ändert? Wenn ja, welcher Nutzen ist das?

Die zentralen Botschaften

Der nächste Schritt der Vorbereitung auf einen anstehenden Konflikt besteht darin, aus den Antworten auf die fünf Fragen der Selbstklärung die wichtigsten Botschaften herauszufiltern und sich vor dem eigentlichen Konfliktgespräch noch einmal bewusst zu machen.

Auf das Beispiel von Alexandra bezogen könnten die zentralen Botschaften lauten:

Die zentralen Konfliktbotschaften

Die Wünsche: »Ich möchte, dass du künftig pünktlich zu unseren Treffen erscheinst – oder mir notfalls deine Verspätung rechtzeitig per Handy ankündigst.«

Die Bedürfnisse: »Wegen meiner Bachelor-Arbeit stehe ich total unter Stress. Ich möchte über meine knappe Zeit selbstbestimmt verfügen können. Außerdem möchte ich viel Zeit mit dir verbringen – aber ich kann die Verspätung nicht einfach hinten an unsere Verabredungen anhängen.«

Die Selbstgewissheit: »Ich bin an diesem Punkt der Verfügung über meine knappe Zeit sehr empfindlich – und dazu stehe ich voll und ganz! Ich brauche ohne Wenn und Aber jede freie Minute.«

Der wertschätzende Blick: »Sascha geht anders mit seiner knappen Zeit um, als ich es tue. Für ihn ist das okay – er macht eben vieles ›auf den letzten Drücker‹ und kommt damit auch klar.«

Der Nutzen: »Da ich zeitlich knapp bin und nach hinten raus deswegen nur begrenzt Zeit habe, haben wir – wenn du pünktlich kommst – mehr Zeit für unseren gemeinsamen Nachmittag.«

Alexandra sollte sich vergegenwärtigen, dass es keiner weiteren Argumente für diesen Konflikt bedarf. Ihre Bedürfnisse nach freier und selbstbestimmter Zeiteinteilung und nach möglichst viel gemeinsamer Zeit sind stark genug, um damit gegen eventuelle Attacken ihres Kontrahenten bestehen zu können.

In unseren Trainingsseminaren zur respektvollen Durchsetzungsfähigkeit empfehlen wir den Teilnehmerinnen und

Teilnehmern, dass sie sich ihre zentralen Botschaften stich-punktartig auf ein Blatt Papier schreiben und mit diesem Zettel in der Tasche in das Konfliktrollenspiel hineingehen. Die Ergebnisse sind frappierend: Das Aufschreiben und Bei-sich-Tragen der zentralen Botschaften gibt den Rollenspiele-rinnen und Rollenspielern das nötige Maß an Selbstsicher-heit und Selbstbewusstsein, um selbst unter extremen Stressbedingungen (Rollenspiel, angreifender Kontrahent, Zuschauerinnen und Zuschauer) bei sich bleiben zu können.

Daher unser Tipp: Wenn Sie noch ungeübt sind und wichtige Konflikte anstehen, beantworten Sie sich die fünf Fragen der Selbstklärung möglichst in knappen Sätzen oder Stichworten schriftlich. Notieren Sie sich Ihre wichtigsten Botschaften anschließend auf einem Zettel, den Sie im jewei-ligen Konflikt auch tatsächlich bei sich tragen. Die materielle Anwesenheit der zentralen Botschaften wird Sie stärken. Sie werden sie nicht aus Ihrer Tasche herausholen müssen, um an Selbstsicherheit zu gewinnen.

Notwendige Prämissen

Vergegenwärtigen wir uns noch einmal das zentrale Ziel, das sich Alexandra für den Konflikt mit Sascha gesetzt hat:

»Ich möchte, dass Sascha auf der Basis von Einsicht (= freiwillig) pünktlich zu unseren Treffen erscheint.«

Der grundlegende Unterschied zur destruktiven Kon-fliktbewältigung besteht darin, dass Saschas Pünktlichkeit nicht durch Druck erpresst, sondern auf der Basis von Ein-sicht gewonnen werden soll. Da wir im vorherigen Abschnitt die zentralen Botschaften für den Konflikt zusammengetra-gen haben, können wir jetzt noch einmal überprüfen, wel-che Einsicht bei Sascha über diese Botschaften erzielt wer-den soll:

1. Sascha soll einsehen, dass auch er von der Pünktlichkeit in Form von längeren und ruhigeren Treffen profitiert (= *Nutzen-Argumentation*).
2. Sascha soll einsehen, dass Alexandra ihr Wunsch nach Pünktlichkeit wegen ihrer Zeitknappheit (= Bedürfnis) äußerst wichtig ist. Diese Dringlichkeit soll Sascha erkennen, akzeptieren und so weit respektierend behandeln, dass er künftig pünktlich zu den Treffen erscheint (= *Bedürfnis-Argumentation*).

Peng! Also doch wieder eine Frage des Respekts! Warum dieser mühsame Weg der Ausklammerung der Respektfrage? Um dann doch wieder am gleichen Punkt zu landen?

Nein, wir sind nicht am gleichen Punkt wie zu Beginn dieses Kapitels. Der Vorwurf innerhalb der Respektfalle lautete: »Du respektierst mich nicht, und deshalb handelst du falsch!« Darin enthalten war die Unterstellung einer *generellen* Respektlosigkeit. Der Punkt, an dem wir jetzt stehen, ist ein völlig anderer:

1. Wir gehen wohlwollend davon aus, dass uns unser Konfliktpartner generell respektiert. Sonst wäre er nicht unser Freund, Kollege oder Bekannte.
2. Wir gehen wohlwollend davon aus, dass dieser durchaus eigene respektable Gründe für seinen Umgang mit Zeit haben wird, die nicht gegen uns gerichtet sind. Er handelt so, weil er für sich einen Nutzen erkennt, und nicht, weil er uns damit schaden möchte. Wir werden ihn also nicht dafür angreifen.
3. Wir gehen wohlwollend davon aus, dass unser Gegenüber bislang nicht erkennen konnte, welche Probleme sein Verhalten bei uns auslöst. Und er hat auch nicht gesehen, wie sehr uns sein Verhalten bei der Erfüllung unserer wichtigen Bedürfnisse behindert. Diese Zusammenhänge

aber wollen wir ihm mit unserer konstruktiven Vorgehensweise im Konflikt und auf der Basis der zentralen
Botschaften deutlich machen.

4. Wir möchten, dass er auf der Basis von Respekt gegenüber unseren wichtigen Bedürfnissen (= Einsicht) sein
Verhalten überprüft und verändert.

Wir können den Unterschied noch weiter zuspitzen:

Bei der *Respektfalle* fühlen wir uns als ganze Person
nicht genügend wertgeschätzt: »Du kommst zu spät, weil du
mich nicht respektierst.« Bei der *konstruktiven Selbstbehauptung* bezieht sich der gewünschte Respekt dagegen ausschließlich auf unsere ganz konkreten Wünsche und Bedürfnisse: »Ich möchte, dass du die Gründe für meinen Wunsch
nach Pünktlichkeit einsiehst und akzeptierst und deshalb
pünktlich kommst.«

Also können wir festhalten: Das Konfliktziel, unser Gegenüber zu einer freiwilligen Verhaltensänderung auf der Basis von Einsicht zu bewegen, basiert auf zwei Argumentati-
onssträngen:

1. *Nutzen-Einsicht:* »Auch du profitierst von einer Verhaltensänderung (= Nutzen).«

2. *Bedürfnis-Einsicht:* »Dein Verhalten bringt mich in große
Schwierigkeiten und bereitet mir große Probleme. Und
deshalb bitte ich dich – aus Respekt gegenüber meinen
konkreten Bedürfnissen – um eine Verhaltensänderung
(= Respekt/Rücksicht).«

Das bedeutet aber auch: Die respektvolle Selbstbehauptung
in einem Konflikt macht nur dann Sinn, wenn von den folgenden zwei Prämissen mindestens eine gegeben ist:

1. Ich unterstelle meinem Gegenüber ein gewisses Maß an
grundsätzlichem Respekt mir gegenüber.

2. Ich kann meinem Gegenüber einen handfesten Nutzen dafür anbieten, dass er sein Verhalten gemäß meiner Wünsche und Bedürfnisse ändert.

Falls wir im Vorfeld eines Konflikts zu der Einschätzung gelangen, dass uns unser Kontrahent in keiner Weise respektiert und ihm nichts an einer guten Beziehung zu uns gelegen ist, können wir uns eine Bedürfnis-Argumentation sparen. Wir werden diesbezüglich auf taube Ohren stoßen. Denn wenn uns unser Gegenüber grundsätzlich nicht respektiert, dann wird er auch unsere Bedürfnisse nicht respektieren. Das heißt aber nicht, dass der kooperative Weg der Konfliktbewältigung dadurch ausgeschlossen ist und wir den Weg des Drucks gehen müssen. Im Gegenteil sollten wir jetzt all unsere Gedanken auf die Frage richten, ob wir dem Kontrahenten einen Nutzen für den Fall anbieten können, dass er sein Verhalten gemäß unserer Wünsche ändert.

Hierzu ein Beispiel: Sie befinden sich schon seit Jahren mit Ihrem Nachbarn in einem Dauerstreit, der teilweise sehr heftig geführt wird. Das Klima ist mittlerweile so getrübt, dass Sie sich nicht einmal mehr grüßen. Ein wechselseitiger, grundlegender Respekt ist über die vielen Streits der letzten Jahre auf der Strecke geblieben.

Jetzt wollen Sie aber einen strittigen Punkt klären: Immer wenn Sie abends auf Ihrer Terrasse sitzen und sich mit Ihrer Familie oder Freunden unterhalten, brüllt Ihr Nachbar Sie an, er könne wegen der Ruhestörung nicht schlafen. Rechtlich kann Ihr Nachbar natürlich nichts machen, denn Ihre Unterhaltungen sind leise und bewegen sich in einem erlaubten Rahmen. Aber Sie trauen sich nach 22:00 Uhr kaum noch, auf Ihrer Terrasse eine normale Unterhaltung zu führen, denn das Schlafzimmer des Nachbarn ist tatsächlich nur etwa drei Meter von Ihrer Terrasse entfernt.

Ihr Bedürfnis: Sie wollen auch nach 22:00 Uhr auf Ihrer Terrasse leise Unterhaltungen führen, ohne dass Sie von Ihrem Nachbarn angebrüllt werden.

Ihr Wunsch: Der Nachbar soll der Konstruktion einer Schallschutzwand zustimmen. Für diese Wand brauchen Sie dessen Erlaubnis, denn sie grenzt unmittelbar an sein Grundstück und müsste, um tatsächlich effizient zu sein, ca. 2,70 Meter hoch sein.

Ihr Bedürfnis nach ungestörten leisen Unterhaltungen wird dem Nachbarn vollkommen egal sein. Er respektiert Sie grundsätzlich nicht – also wird er auch Ihr konkretes Bedürfnis nicht wertschätzen. Bleibt also nur die Nutzen-Argumentation: Reduktion von störenden Geräuschen und demnach die Aussicht für Ihren Nachbarn, mithilfe der Wand auch in lauen Sommernächten entspannt schlafen zu können. Auf diesen Nutzen werden Sie Ihre komplette Argumentationskette ausrichten müssen, wenn Sie sich Ihr Bedürfnis nach leiser Unterhaltung erfüllen wollen.

Spielen wir gedanklich auch kurz den umgekehrten Weg durch: Wir gehen davon aus, dass uns unser Konfliktpartner zwar grundsätzlich respektiert und auch ihm an einer guten kollegialen oder gar freundschaftlichen Beziehung gelegen ist. Aber sosehr wir auch suchen – wir können ihm keinen Nutzen dafür anbieten, dass er sein Verhalten ändert (siehe den Konflikt um die Ordnung im gemeinsamen Büro). In diesem Fall können wir nur hoffen, dass wir dem Kollegen hinreichend deutlich machen können, wie sehr wir ihn einerseits als Kollegen schätzen, wie wichtig uns aber andererseits eine Ordnung ist, mit der wir uns im gemeinsamen Büro wohlfühlen können. Wir bauen vollständig auf den Respekt und die Rücksicht des Kollegen auf unsere Bedürfnisse. Aber dafür ist es unabdingbar, dass wir diesem die Dringlichkeit unserer Bedürfnisse vorwurfsfrei darlegen können. Nur dann haben wir eine Chance, beim Kollegen eine Einsicht zu erzielen und darüber eine freiwillige und einvernehmliche Lösung bezüglich der Ordnung im gemeinsamen Büro zu finden.

Je klarer die eigene Wunsch- und vor allem auch Bedürfnis-Argumentation in einem Konflikt ausfällt, desto größer ist die Wahrscheinlichkeit, dass wir einen guten Teil unserer Wünsche erfüllt bekommen. Die Kraft der kooperativen Durchsetzungsfähigkeit wächst mit der Klarheit unserer Bedürfnis-Botschaften.

Fazit: Bevor wir uns für den Weg der respektvollen Selbstbehauptung entscheiden, sollten wir uns fragen, ob wir genügend Chancen für die Einsicht unseres Kontrahenten sehen: Liegt auch meinem Gegenüber an einer guten kollegialen, nachbarschaftlichen oder gar freundschaftlichen Beziehung und bringt er mir gegenüber ein Mindestmaß an Respekt entgegen? Kann ich ihm einen Nutzen für den Fall anbieten, dass er sein Verhalten gemäß meiner Wünsche ändert? Wenn wir auch nur eine der beiden Fragen mit Ja beantworten, lohnt der Weg, auf der Basis von Einsicht eine tragfähige und freiwillige Lösung anzustreben.

Die Sturmphase

In diesem Kapitel werden wir sehen, dass wir auf der Basis einer gewissenhaften Selbstklärung guten Mutes in einen Konflikt hineingehen können. Alle Zeichen stehen auf Durchsetzungsfähigkeit, gepaart mit Respekt – die besten Voraussetzungen, um in der Auseinandersetzung zu einer einvernehmlichen und partnerschaftlichen Lösung mit unserem Gegenüber zu kommen.

Doch bevor wir zur Lösungsebene des Konflikts gelangen, gilt es, die stürmische Phase der Auseinandersetzung, in der die Emotionen der beteiligten Parteien aufeinanderprallen können, sicher zu überstehen. Also werden wir jetzt ein wenig Salz in die Suppe streuen und zunächst diese Sturmphase des Streits beleuchten. Wir werden die Prinzipien der respektvollen Selbstbehauptung anhand von Konfliktsituationen erläutern, in denen sich unser jeweiliger Kontrahent destruktiv verhält: Wir werden herabgestuft, entwertet, beleidigt, diffamiert und bevormundet.

Wir möchten zeigen, dass die Strategie der respektvollen Durchsetzungsfähigkeit nicht nur dann ihre Wirksamkeit entfaltet, wenn sich unser Konfliktpartner ebenfalls respektvoll und konstruktiv verhält. Im Gegenteil: Die Nagelprobe für die Effizienz einer konstruktiven Konfliktbewältigung zeigt sich erst dann, wenn unser Kontrahent uns angreift und verletzt. In dieser stürmischen Phase der Auseinandersetzung trotz allen Gegenwinds Kurs in Richtung Konstruktivität zu halten und nicht über den Fallstrick der Vergeltung einer Vergeltung in die Eskalationsspirale zu stolpern, stellt die hohe Kunst der respektvollen Durchsetzungsfähigkeit dar.

Zur Veranschaulichung ziehen wir zunächst noch einmal den Streit um die Verspätung zwischen Alexandra und ihrem Freund Sascha heran. Das heißt: Alexandra soll sich auf der Grundlage ihrer gedanklichen Konfliktvorbereitung durchgehend respektvoll gegen einen gestressten und daher aggressiven und verletzenden Sascha durchsetzen. Die Latte hängt also hoch. Anschließend analysieren wir noch einen weiteren Streit zwischen zwei Kollegen aus dem beruflichen Alltag, um aufzuzeigen, dass sich die Grundprinzipien einer respektvollen Durchsetzungsfähigkeit auf jeden Streit zwischen gleichgestellten Personen übertragen lassen.

Hinein in die Brandung

Unterstellen wir einmal, dass sich Alexandra in den 23 Minuten ihrer Wartezeit auf den Konflikt mit Sascha so vorbereitet hat, wie wir es im letzten Kapitel gezeigt haben. Ihre vier zentralen Botschaften lauten demnach:

1. Ich brauche jede freie Minute und möchte über meine Zeit verfügen können. (Bedürfnis 1)
2. Ich möchte möglichst viel Zeit mit dir verbringen. (Bedürfnis 2)
3. Bitte sei pünktlich bei unseren Verabredungen oder gib mir im Notfall rechtzeitig Bescheid, wenn es später werden sollte. (Wunsch)
4. Auch du profitierst von deiner Pünktlichkeit, denn je früher du kommst, desto mehr Zeit haben wir für unser jeweiliges Treffen. (Nutzen)

Jetzt schauen wir uns konkret an, wie sich Alexandra in dem Konflikt behauptet, ohne ihren Freud Sascha wegen seiner Verspätung anzugreifen oder gar auf dessen Gereiztheit und Aggressivität mit einem Vergeltungsangriff zu reagieren:

»Mensch, hallo Sascha, da bist du ja!«

»Hallo Alexandra. Was ziehst du denn schon wieder für ein Gesicht? Jetzt sag nicht, wegen der paar Minuten Verspätung. Mach mich jetzt bloß nicht wieder an – ich habe schon genug Stress hinter mir.« (1. Attacke)

»Was war denn los?« (Frage nach Saschas Situation)

»Erst hat mich Iris mit der Kleinen sitzen lassen, dann hatte ich einen dicken Stau auf der Friedrichstraße und zum Schluss habe ich keinen Parkplatz gefunden und das Parkhaus war voll! Freu dich, dass wir uns hier bei dir in der Gegend verabredet haben. Da bist du mal wieder fein raus.« (2. Attacke)

»Das stimmt. Trotzdem ist das für mich blöd, hier zu warten. Wir waren für 14:00 Uhr verabredet. Und jetzt haben wir es 23 Minuten nach 14:00 Uhr. Ich warte seit fast einer halben Stunde und bin total durchgefroren.« (Schilderung des Problems)

»Und was kann ich dafür? Also hör auf mit deinen ständigen Vorwürfen!« (3. Attacke)

»Mein Problem ist, dass ich zurzeit brutal im Stress bin wegen meiner Bachelor-Arbeit. Da geht mir die halbe Stunde Wartezeit ganz schön an die Nieren. Ich brauche einfach die Zeit, die ich hier warte, für meine Arbeit.« (Bedürfnis 1)

»Ich habe dir gesagt, du sollst mich nicht anmachen. Meinst du, ich komme aus lauter Jux und Dollerei zu spät? Was soll das denn jetzt!« (4. Attacke)

»Ich möchte, dass wir unsere Verabredungen so regeln, dass ich keine Zeit durch langes Warten verliere. Zu Hause habe ich alles stehen und liegen gelassen, um pünktlich zu sein. Und jetzt stapelt sich bei mir die Arbeit und ich komme heute Abend in Stress. Außerdem haben wir einfach mehr Zeit für uns, wenn wir uns pünktlich treffen. Denn hinten kann ich die fehlende halbe Stunde nicht dranhängen. Aber die Zeit mit dir ist mir sehr wichtig. (Bedürfnis 2) Und ich denke, das ist ja auch in deinem Sinne, wenn wir mehr Zeit für uns haben.« (Nutzen)

»Ja, natürlich. Aber die paar Minuten. Stell dich doch nicht so an.« (5. Attacke)

»Für mich ist eine halbe Stunde in meinem Stress viel Zeit, die ich lieber am Schreibtisch oder mit dir verbracht hätte als hier in der Kälte.« (Bedürfnisse 1 und 2)

»Mein Gott, du mit deiner Bachelor-Arbeit. Sei doch nicht so verbissen damit. Dadurch wird deine Note auch nicht besser.« (6. Attacke)

»Sascha, ich habe eine dringende Bitte an dich: Können wir es nicht so machen, dass du bei unseren Verabredungen es so einrichtest, dass du auf jeden Fall pünktlich bist? (Wunsch) Ich weiß, dass du den weiteren und beschwerlicheren Weg hast. Aber mir ist das einfach sehr wichtig.«

»Für dich ja alles kein Problem: Du musst nur 300 Meter laufen. Aber ich muss quer durch die Stadt.« (7. Attacke)

»Ich weiß, dass das eine andere Situation für dich ist. Aber mir würde es zur Not ja auch reichen, wenn du mich rechtzeitig anrufst, falls es bei dir später wird.« (Wunsch)

»Ja, ist ja okay. Können wir so machen. Wenn dich das beruhigt …«

»Für mich war die Klärung wichtig. Jetzt kann ich einfach entspannter einen Kaffee mit dir trinken. Gehen wir …«

Alexandra hat insgesamt sieben Angriffe ihres Freundes überstanden, ohne in die Eskalationsspirale der Vergeltung der Vergeltung hineinzugeraten. Gegen Ende des Konfliktgesprächs ging Sascha offensichtlich immer stärker das Pulver aus, um Alexandra mit seinen Attacken noch ernsthaft in Bedrängnis bringen zu können. Doch schauen wir uns an, mit welchen Mitteln es Alexandra geschafft hat, bei sich zu bleiben, statt außer sich zu geraten:

1. Saschas erste Attacke hat sie mit einer Frage nach den Ursachen seiner Verspätung beantwortet.
2. Die nächsten Attacken hat Alexandra fast gebetsmühlenartig damit gekontert, dass sie ihre Bedürfnisse nach freier Verfügung über ihre knappe Zeit und möglichst viel gemeinsamer Zeit geäußert hat. Für die Nennung dieser beiden Bedürfnisse hat sie zwar immer wieder neue Formulierungen gefunden – und doch handelte es sich stets um Variationen der beiden Grundbotschaften.
3. Zwischendurch hat sie noch eine Nutzen-Argumentation eingeschoben.
4. Saschas siebte Attacke hat Alexandra mit ihrer Wunschäußerung beantwortet.

Lesen Sie sich den Dialog noch einmal in Ruhe durch: Sie werden nicht einen Vorwurf an die Adresse von Sascha entdecken. Alexandra ist streng bei sich und ihren Bedürfnissen und Wünschen geblieben und hat damit jeden Angriff und jeden Vergeltungsschlag vermieden. Somit können wir diese Vorgehensweise sicherlich als respektvoll bezeichnen. Und gleichzeitig hat Alexandra in diesem Konflikt viel erreicht: Sie hat Saschas Zusage für eine Regelung ihrer Verabredungen erhalten – auch wenn diese mürrisch und versteckt gegeben wurde. Mehr war in diesem Konflikt angesichts eines total gereizten und aggressiven Sascha nicht drin. Vielleicht kann Alexandra gegen Ende des Treffens – in einer entspannteren Atmosphäre – die getroffene Vereinbarung noch einmal ansprechen. Vermutlich wird sie dann eine verbindlichere Zusage von Sascha erhalten.

Wenn wir uns Alexandras Vorgehensweise in dem Konflikt noch einmal vergegenwärtigen, fallen zwei Dinge auf:

1. Der Respekt gegenüber Sascha basiert auf dem Fehlen von Vorwürfen, Ratschlägen und Beleidigungen. Alex-

andra schießt nicht ein einziges Mal zurück. Sie lässt jede der sieben Attacken an sich vorüberziehen.

2. Die Kraft ihrer Durchsetzungsfähigkeit gründet sich darauf, dass Alexandra lediglich vier zentrale Botschaften an ihren verspäteten Freund richtet: »Ich brauche jede Minute für meine Bachelor-Arbeit«, »Ich möchte möglichst viel Zeit mit dir verbringen«, »Auch du profitierst von deiner Pünktlichkeit in Form von längeren Treffen«, »Deshalb möchte ich Pünktlichkeit bzw. einen rechtzeitigen Anruf«. Diese vier eindeutigen und selbstgewissen Botschaften formuliert sie immer wieder mit neuen Sätzen.

Für den Konflikt mit Sascha bedeutet das: Alexandras Erfolg ist das Ergebnis von drei Schritten: dem bewussten Überhören von Attacken, ihrer Selbstgewissheit über ihre Bedürfnisse und Wünsche und der Technik der Beharrlichkeit, mit der sie ihre Botschaften vermittelt. Wie bei einer kaputten Schallplatte wiederholt sie immer wieder ihre zentralen Anliegen, ohne sich unter Druck gesetzt zu fühlen, ständig neue Argumente finden zu müssen. Doch im Gegensatz zu einer kaputten Schallplatte, bei der immer die gleiche Sequenz wörtlich wiederholt wird, achtet Alexandra darauf, dass sie ihre zentralen Botschaften mit immer neuen Formulierungen äußert.

Die rettende Insel

Wir veranschaulichen die Kunst der respektvollen Durchsetzungsfähigkeit an einem zweiten Beispiel, das wir der Berufswelt entlehnen. Allerdings lassen wir hier noch eine weitere Schwierigkeit einfließen: »Was tun, wenn ich mich im Eifer des Gefechts doch einmal zu einem Vergeltungsschlag hinreißen lasse? Niemand ist schließlich perfekt.

Emotionen spielen immer eine Rolle und lassen sich nicht vollständig kontrollieren. Das kann doch mal passieren!«

Stimmt! Also zeigen wir einen Konfliktverlauf auf, in dem die eigentlich konstruktiv und respektvoll vorgehende Person trotz aller gewissenhaften Vorbereitung in die Falle der Vergeltung der Vergeltung hineintappt.

Zunächst zum Hintergrund des Konflikts: Harry arbeitet gemeinsam mit seinem Kollegen Max an einem Projekt, dessen Stand sie auf der nächsten Teamsitzung präsentieren müssen. Max hat die Aufgabe übernommen, auf der Basis der gemeinsamen Vorarbeiten die Folien für die PowerPoint-Präsentation am Computer zu entwickeln. Harry wiederum ist ein guter Redner. Also hat er sich bereit erklärt, mithilfe der von Max erstellten Folien den Vortrag vorzubereiten und ihn dann auch vor der Gruppe zu halten. Die beiden Kollegen hatten im Vorfeld des Konflikts grob vereinbart, dass Max seinem Kollegen Harry die fertige Präsentation »ein paar Tage vor dem Vortragstermin« übergeben solle.

So weit, so gut. Doch die Präsentation ist bereits in drei Tagen und Harry hat die Folien immer noch nicht bekommen. Max wiegelt – von seinem Kollegen Harry auf die fehlenden Folien angesprochen – immer wieder ab: »Ja, ja, die Folien sind ja fast fertig. Du kriegst sie bald.«

Der Präsentationstermin rückt näher und näher. Also hat sich Harry dazu entschlossen, seinem Kollegen Max Dampf zu machen, damit er die Folien möglichst bald bekommt und sich an die Vorbereitung des Vortrags setzen kann.

So viel zum Hintergrund des Konflikts. Jetzt nehmen wir uns wieder die Zeit, um uns in die Rolle von Harry hineinzuversetzen und anhand von fünf Fragen eine gedankliche Vorbereitung auf den Konflikt vorzunehmen.

Die fünf Fragen der Selbstklärung

1. Frage: »Was will ich von Max? Wie soll er konkret handeln?« *Wunsch*: »Ich möchte spätestens heute Abend die Folien von ihm übergeben bekommen.«

2. Frage: »Was habe ich davon, wenn Max mir die Folien möglichst schnell liefert? Warum brauche ich die Folien spätestens heute Abend?« *Bedürfnis 1:* »Ich möchte den Vortrag möglichst frei halten. Um das zu gewährleisten, brauche ich viel Zeit für die Vorbereitung. Je freier ich den Vortrag halte, desto besser kommen die Inhalte rüber.« *Bedürfnis 2:* »Je besser der Vortrag wird, desto mehr Unterstützung werden wir später vom Team für das Projekt bekommen. Und diese Unterstützung wird uns spürbar entlasten.«

3. Frage: »Warum ist mir das so wichtig, die Folien möglichst schnell zu bekommen? Kann ich wirklich voll und ganz dahinterstehen, die Folien spätestens heute Abend zu bekommen?« *Selbstbewusstsein:* »Ja, denn es ist absolut legitim, möglichst viel Zeit für die Ausarbeitung des Vortrags zu haben. Schließlich soll der Vortrag richtig gut werden. Und den heutigen Abend habe ich mir für die Vorbereitung der Präsentation freigeschaufelt.«

4. Frage: »Welche wohlwollenden Gründe, die nichts mit mir zu tun haben, führen bei Max zu dessen Hinauszögern der Abgabe?« *Vermeidung der Respektfalle:* »Wahrscheinlich geht bei ihm wieder einmal alles drunter und drüber. Vermutlich unterschätzt er, wie viel Aufwand die Vorbereitung für mich bedeutet. Und seine eigene Arbeit mit den Folien hat er wahrscheinlich auch unterschätzt. Außerdem ist er unheimlich gründlich und verstrickt sich manchmal in Details.«

5. Frage: »Gibt es einen Nutzen (außer der Verbesserung unserer durch den Konflikt belasteten Beziehung!), den ich Max dafür anbieten kann, dass er mir die Folien bis heute

Abend ausgehändigt? Wenn ja, welchen?« *Nutzen:* »Je mehr Vorbereitungszeit ich habe, desto besser wird der Vortrag. Von einem guten Vortrag profitieren wir beide – erstens in Form von Anerkennung und zweitens in Form von Unterstützung seitens der Kollegen. Ein guter Vortrag führt demnach auch bei Max zu Anerkennung und späterer Entlastung.«

Auch aus diesen Antworten filtern wir jetzt noch einmal die zentralen Botschaften heraus, mit denen Harry an Max herantritt:

Die zentralen Botschaften

1. Botschaft: »Mir ist es wichtig, dass die Präsentation richtig gut wird – und dafür brauche ich viel Vorbereitungszeit.« *(Bedürfnis 1)*
2. Botschaft: »Die Präsentation soll sehr gut werden, damit wir vor dem Team gut dastehen und für die Umsetzung des Projekts viel Unterstützung bekommen.« *(Bedürfnis 2)*
3. Botschaft: »Von einer angemessenen Vorbereitungszeit profitierst auch du in Form von Anerkennung und Unterstützung.« *(Nutzen)*
4. Botschaft: »Für eine gute Präsentation brauche ich die Folien spätestens heute Abend auf meinem Computer, denn gerade den heutigen Abend habe ich mir für die Vorbereitung freigehalten.« *(Wunsch)*

Mit diesen vier zentralen Aussagen geht es jetzt hinein in den Konflikt mit dem Kollegen Max:

»Hallo Max, hast du kurz Zeit für mich?«
»Ist gerade blöd, ich wollte an den Folien weiterarbeiten.«
»Darum geht es genau. Lass uns kurz drüber reden, okay?«
»Na gut.«

»Wie weit bist du damit? Wann kann ich sie bekommen?«

»Ich hänge noch an ein paar Punkten. Aber ich denke, bis morgen Mittag bin ich fertig.«

»Morgen Mittag? Damit habe ich ein Problem. Wenn ich sie erst morgen bekomme, habe ich nur noch eineinhalb Tage, um mich vorzubereiten. Das wird zu knapp für mich.«

»Mensch, Harry, ich muss auch noch andere Projekte bearbeiten. Meinst du vielleicht, ich drehe den ganzen Tag Däumchen?« (1. Attacke)

»Natürlich nicht. Aber meine Schwierigkeit damit ist, dass ich die Zeit brauche, um den Vortrag richtig gut vorzubereiten. Ich kann das nicht auf den letzten Drücker machen. Der Vortrag soll gut rüberkommen, und dafür muss ich ihn möglichst frei halten können.« (Bedürfnis 1)

»Nun übertreib mal nicht. Ist doch völlig egal, ob du den Vortrag frei hältst oder vom Computer abliest. So wichtig ist die Präsentation auch wieder nicht. Nimm doch mal den Stress raus. Du bist immer so verbissen!« (2. Attacke)

»Ja, weil mir die Präsentation so wichtig ist – sehr wichtig sogar. Ich möchte dokumentieren, dass wir bislang richtig gute Arbeit geleistet haben. Und je besser die Präsentation ist, desto mehr Ressourcen und Unterstützung bekommen wir für die weitere Abwicklung. Davon profitieren wir beide, denn wir haben künftig weniger Arbeit.« (Nutzen) »Deswegen mein Stress.«

»Du immer mit deinem Stress – nur um später ein bisschen Entlastung zu kriegen. Das bringt doch nichts. Und mich machst du jetzt blöd an ...« (3. Attacke)

»Doch, mir bringt das was. Und deswegen möchte ich, dass wir uns mit der Präsentation möglichst gut darstellen. Das ist mir wichtig. Denn je mehr Unterstützung wir vom Team bei der Abwicklung unseres Projekts bekommen, desto weniger Arbeit haben wir später.« (Bedürfnis 2) »Und daher brauche ich viel Zeit für die Vorbereitung.« (Bedürfnis 1)

»Und ich hatte bei dem Ganzen die meiste Arbeit. Du stellst dich vor die Gruppe, präsentierst dich mal wieder toll und kriegst den Beifall. Und mich jetzt auch noch so unter Druck zu setzen, ist unfair von dir!« (4. Attacke)

»Das stimmt doch gar nicht. Du setzt mich unter Druck mit deiner Verspätung. Das ist doch bei jedem Projekt das Gleiche: Du kommst in Zeitnot und ich muss es ausbügeln.« (Vergeltungsschlag)

Da ist sie zugeschnappt – die Falle der Vergeltung eines Angriffs. Doch bevor wir uns Harrys Perspektive näher anschauen, fragen wir zunächst: Warum hat Max derart gereizt und aggressiv auf seinen Kollegen Harry reagiert? Dieser hat ihn doch mit keinem Wort angegriffen! Wie also konnte es trotz Harrys wertschätzender Vorgehensweise in dem Konflikt überhaupt dazu kommen, dass Max vier Attacken gegen seinen Kollegen durchführte? Wir können nur spekulieren: Vielleicht reicht allein die Tatsache aus, dass Harry den Konflikt überhaupt anspricht, damit sich Max unter Druck gesetzt und angegriffen fühlt. Er würde sich wahrscheinlich wie folgt rechtfertigen: »Dieser Harry! Nur weil der vor der Gruppe mal wieder glänzen und als King dastehen will, setzt der mich jetzt unter Druck! Ist doch schließlich sein Problem. Der immer mit seinem Ehrgeiz. Davon lass ich mich nicht unter Druck setzen!« Max sieht seine Attacken gegen Harry als legitime Vergeltungsschläge für dessen in seinen Augen ungerechtfertigten Druck.

Aber uns interessiert nicht nur die Sichtweise unseres jeweiligen Konfliktpartners, sondern vor allem auch die Frage: »Was können wir tun, wenn wir die Ebene der respektvollen Selbstbehauptung verlassen haben, indem wir eine Attacke unseres Gegenübers mit einem Vergeltungsschlag beantwortet haben?« Zwei Schritte sind hier notwendig:

1. Voraussetzung für eine Rückkehr zur Konstruktivität ist zunächst einmal die Bewusstheit darüber, dass wir unseren Konfliktpartner angegriffen und verletzt haben. Nur wenn wir spüren, dass wir gerade im Begriff sind, den schmalen Pfad der konstruktiven Konfliktbewältigung zu verlassen, können wir gegensteuern.

2. Nach dieser Erkenntnis gilt es, sich nicht tiefer in den Strudel der Vergeltungsspirale hineinziehen zu lassen. Wir brauchen wieder festen Boden unter den Füßen. Das sicherste Terrain ist dabei stets die rettende Insel der eigenen Bedürfnisse – verbunden mit einer kurzen Entschuldigung für den Tiefschlag.

Schauen wir uns jetzt an, wie dieser Übergang auf die rettende Insel der Bedürfnisäußerung praktisch aussehen kann:

Max: »Und ich hatte bei dem Ganzen die meiste Arbeit. Du stellst dich vor die Gruppe, präsentierst dich mal wieder toll und kriegst den Beifall. Und mich jetzt auch noch so unter Druck zu setzen, ist unfair von dir!« (4. Attacke)

Harry: »Das stimmt doch gar nicht. Du setzt mich unter Druck mit deiner Verspätung. Das ist doch bei jedem Projekt das Gleiche: Du kommst in Zeitnot und ich muss es ausbügeln.« (Vergeltungsschlag)

»Ich glaube, es geht los! Das ist ja wohl der Gipfel! Wer macht denn bei den Projekten die ganze Drecksarbeit? Du hast doch keine Ahnung, wie viel Arbeit das ist!«

»Okay, sorry Max. Ich habe mich gerade im Ton vergriffen. Tut mir leid. Ich habe es nicht so gemeint. Ich weiß, dass das richtig viel Arbeit ist mit den Folien. Keine Frage. Und ich würde es nicht ansatzweise so gut hinkriegen wie du. Daher noch einmal: Entschuldige bitte.« (Zwei Sekunden Pause) »An meiner Entgleisung kannst du sehen, wie sehr mir die Präsentation am Herzen liegt. Ich kann nur wiederholen, dass ich die Vorbereitungszeit einfach brauche, um unser Projekt gut zu präsentieren. Ich schüttel das nicht einfach aus dem Ärmel. Für mich ist das richtig viel Arbeit. Und ich habe mir extra den heutigen Abend für die Vorbereitung freigeschaufelt, indem ich das Kegeln abgesagt habe. Heute Abend habe ich fünf bis sechs Stunden Zeit, um mich richtig einzuarbeiten.«

»Entgleisung ist gut! Du hast meine Arbeit runtergemacht.«

»Ja, und es tut mir leid. Aber mir liegt viel an der künftigen Entlastung. Und um die zu bekommen, brauchen wir eine Toppräsentation. Und meine Zeit für die Vorbereitung schwimmt mir davon. Deshalb hätte ich gerne heute Abend die Folien.«

»Bis heute Abend? Spinnst du? Wie soll das gehen? Morgen Abend sind sie fertig. Das reicht doch wohl!«

»Tut mir leid, aber ich brauche den heutigen Abend für die Ausarbeitung.«

»Mensch, mach doch nicht so einen Druck. Machen wir einen Kompromiss: Morgen früh hast du die Präsentation.«

»Tut mir leid, Max, das ist mir zu spät. Ich habe nur den heutigen Abend.«

»Heute Abend klappt nicht.«

»Dann gib mir wenigstens die Folien, die du schon fertig hast. Und den Rest morgen früh.«

Die beiden Kollegen sind mit den letzten Sätzen auf die Ebene der Lösungsfindung ihres Konflikts übergegangen. Sie werden aller Voraussicht nach einen Kompromiss finden, mit dem beide leben können. Und da wir der Frage der Verhandlung von Lösungen ein eigenes umfangreiches Kapitel widmen werden, haben wir die Auseinandersetzung zwischen Harry und Max an dieser Stelle abgebrochen.

Analysieren wir stattdessen genauer, wie es Harry gelungen ist, aus der Vergeltungsspirale auszusteigen:

1. Harrys Rückkehr zur respektvollen Selbstbehauptung war nur möglich durch seine wiederholte einseitige Abrüstung. Jede Rechtfertigung oder Relativierung der eigenen Vorwürfe im Sinne von »Ja, tut mir leid, aber du hast mich auch beleidigt« hätte den Kreislauf der Vergeltung der Vergeltung nicht unterbrochen. Einzig die *bedingungslose einseitige Abrüstung* war der Garant für den Ausstieg aus dem Kampf: »Okay, sorry Max. Ich habe mich gerade im Ton vergriffen. Tut mir leid. Ich habe es nicht so gemeint.« Kein Wort zu Harrys Attacken! Für diese Art einseitiger Entschuldigung braucht Harry innere Größe.

2. Nach der einseitigen und bedingungslosen Entschuldigung hat Harry seinem Kollegen Max *Wertschätzung* entgegengebracht: »Tut mir leid. Ich habe es nicht so gemeint. Ich weiß, dass das richtig viel Arbeit ist mit den Folien. Keine Frage. Und ich würde es nicht ansatzweise so gut hinkriegen wie du. Daher noch einmal: Entschuldige bitte.«

3. Und eine weitere Aktion war maßgeblich für den Erfolg von Harrys Deeskalation: die Verknüpfung der Entschuldigung und der Wertschätzung mit der sofortigen Rückkehr zur konstruktiven Konfliktbewältigung: »Daher noch einmal: Entschuldige bitte!« (Zwei Sekunden Pause) »An meiner Entgleisung kannst du sehen, wie sehr mir die Präsentation am Herzen liegt …« Die rettende Insel nach der einseitigen Entschuldigung ist die Ebene der *Bedürfnisse*.

4. Diese Vorgehensweise der Verknüpfung von bedingungsloser Entschuldigung und der anschließenden Rückkehr zur Bedürfnisäußerung musste Harry im laufenden Konflikt sogar ein weiteres Mal durchführen, bevor auch Max

wieder zur Sachebene des Konflikts zurückkehrte: »Entgleisung ist gut! Du hast meine Arbeit runtergemacht!« »Ja, und es tut mir leid. Aber mir liegt viel an der künftigen Entlastung. Und um die zu bekommen, brauchen wir eine Toppräsentation ...«

Es ist nicht dramatisch, wenn in einem Konflikt die Pferde mit uns durchgehen und wir einen Angriff des Gegenübers mit einem Vergeltungsschlag beantworten. Wir können aus der Spirale der Vergeltung der Vergeltung aussteigen, indem wir nach einer einseitigen Abrüstung zur Bedürfnisäußerung zurückkehren.

Die Kraft der Bedürfnisse

Nach den beiden Konflikten um die Frage der Pünktlichkeit bei Verabredungen und dem Zeitpunkt der Übergabe der Folien dürfte deutlich geworden sein, warum wir immer wieder die Bedeutung der *Bedürfnisse* betonen: Sie verleihen uns die notwendige Kraft, um sich klar, durchsetzungsstark und respektvoll für die eigenen Ziele und Interessen einsetzen zu können. Die Bedürfnisse stellen die argumentative Basis dar, die unsere Wünsche, die wir an den jeweiligen Konfliktpartner herantragen, abstützt. Und gleichzeitig ist die Formulierung von eigenen Bedürfnissen frei von Vorwürfen, Schuldzuweisungen, Beleidigungen oder Ratschlägen.

Das Schöne dabei ist, dass unser Gegenüber nicht von der Überlegenheit unserer Bedürfnisse überzeugt werden muss. Sascha muss nicht Alexandras Vorstellungen von Pünktlichkeit teilen. Er kann weiterhin denken: »Mensch, die Alexandra mit ihrem Pünktlichkeitsfimmel und ihrem Stress mit ihrer Bachelor-Arbeit. Die macht sich das Leben ganz schön schwer. Das sollte die mal viel lockerer sehen ...« Und auch

Max darf grummeln: »Der Harry mit seinem Perfektionismus und seinem Ehrgeiz ... Der sieht das ganz schön eng.« Aber sowohl Sascha als auch Max sollen spüren, dass ihr jeweiliges Verhalten bei Alexandra und Harry große Probleme verursacht und dass beide gewichtige Gründe haben, warum sie sich eine Verhaltensänderung wünschen:

● Sascha: »Na ja, wenn Alexandra so in Stress kommt, nur weil ich ein paar Minuten zu spät komme ... Und wenn ihr ihre blöde Pünktlichkeit und ihre Bachelor-Arbeit so wichtig sind, dann tue ich ihr halt den Gefallen und komme demnächst pünktlich. Wenn Alexandra dann zufriedener ist – meinetwegen.«
● Max: »Dem Harry ist das ja ganz schön wichtig mit seiner blöden Präsentation. Der immer mit seinem Ehrgeiz und seiner Verbissenheit. Aber okay – um des lieben Frieden willens: Dann klotz ich eben ein bisschen ran und dann kriegt er seine dämlichen Folien bis heute Abend.«

In beiden Fällen hätten Alexandra und Harry ihr Ziel erreicht: Sie bekommen ihre Wünsche erfüllt und können dadurch ihre jeweiligen Bedürfnisse verwirklichen.

Daraus folgt: Die Überzeugungsarbeit, die wir in Konflikten leisten müssen, besteht nicht darin, unserem Gegenüber die Überlegenheit unserer Bedürfnisse näherzubringen, indem wir recht bekommen. Stattdessen können wir uns darauf beschränken, unsere Konfliktpartner von der Wichtigkeit unserer Bedürfnisse für uns selbst zu überzeugen.

Die Botschaft lautet demnach nicht: »Meine Bedürfnisse sind für alle gültig«, sondern lediglich: »Meine Bedürfnisse – und davon abhängig natürlich meine Wünsche – sind mir selbst absolut wichtig.« Gleichzeitig senden wir damit die versteckte Botschaft an unser Gegenüber: »Erkenne, dass mir meine Bedürfnisse wichtig sind, und komme mir daher bitte etwas entgegen.« Je stärker unser jeweiliger Konfliktpartner spürt, wie wichtig uns unsere Bedürfnisse sind, desto größer ist die Wahrscheinlichkeit, dass er Zugeständnisse macht. Die Basis des Entgegenkommens unseres Partners ist also dessen Einsicht in die Dringlichkeit unserer Bedürfnisse.

Daraus folgt im Umkehrschluss:

1. Wenn ich mir selbst meiner Bedürfnisse in einem Konflikt nicht bewusst bin, dann wird auch mein Gegenüber sie nicht erkennen können.
2. Wenn mein jeweiliger Konfliktpartner meine Bedürfnisse nicht sehen kann, dann wird er diese auch nicht respektieren können.
3. Folglich wird er auch wenig Veranlassung sehen, seine eigenen Interessen auch nur teilweise aufzugeben.

> Je klarer wir unserem jeweiligen Konfliktpartner vermitteln können, wie wichtig uns unsere jeweiligen Bedürfnisse sind, desto mehr Ziele können wir erreichen.

Noch etwas wird deutlich: Mit der klaren Benennung und der Gewichtung unserer Bedürfnisse stellen wir unsere gesamte Vorgehensweise in einem Konflikt auf einen festen und – von außen – unerschütterlichen Boden. Denn wenn wir nicht darauf angewiesen sind, unser Gegenüber von der moralischen Überlegenheit unserer Bedürfnisse überzeugen zu müssen (»Meine Bedürfnisse sind universell gültig: Man muss pünktlich sein! Und deshalb solltest du sie übernehmen!«), kann uns unser Gegenüber nicht angreifen und erschüttern. Die Beschränkung auf die Aussage »Meine Bedürfnisse sind für mich sehr wichtig« macht uns an diesem Punkt unangreifbar – vorausgesetzt, wir sind von der Legitimität und Wichtigkeit unserer Bedürfnisse für uns selbst überzeugt.

90

Wie wir mehrfach gesehen haben, erfüllen unsere Bedürfnisse ganz nebenbei noch eine ganz pragmatische Funktion:

> Unsere Bedürfnisse dienen als rettende Insel, auf die wir uns, sobald wir ins Schwimmen geraten (Vergeltung einer Vergeltung), immer wieder retten können.

Und schließlich und endlich ist gewährleistet, dass wir, solange wir unsere Bedürfnisse in den Konflikt einbringen, unseren jeweiligen Konfliktpartner nicht angreifen oder herabsetzen können. Mit der konsequenten Benennung unserer Bedürfnisse senden wir automatisch die viel zitierten Ich-Botschaften – und die sind bekanntlich frei von Verletzungen.

Die Lösungsebene

Bislang haben wir uns in den Konflikten fast ausschließlich Gedanken um unsere eigenen Bedürfnisse und Wünsche gemacht. Aber das Wesensmerkmal eines Konflikts ist es nun einmal, dass sich die Wünsche und/oder Bedürfnisse der Parteien meist diametral gegenüberstehen. Bei aller Klarheit des Auftretens – wir können nicht immer davon ausgehen, all unsere Konfliktziele zu erreichen. Kompromissfähigkeit ist gefragt:

Sascha hat das Bedürfnis, sich seine Zeit nach seinen eigenen Vorstellungen einzuteilen. Er ist es gewohnt, viele Dinge »auf den letzten Drücker« zu erledigen, und packt sich daher gerne zusätzlich ein paar kleine Termine obendrauf, um sie noch schnell abzuarbeiten. Daher wünscht er sich eine flexible Handhabung, was die Frage der Pünktlichkeit bei Verabredungen betrifft. Eine allzu starre Regelung, so wie sie sich Alexandra wünscht, würde Sascha in seinen Freiheiten einschränken. Er wird daher versuchen, im Konfliktgespräch über die Frage der Pünktlichkeit möglichst wenig Zugeständnisse machen zu müssen.

Max hat das Bedürfnis, seine Arbeit an den Folien in aller Ruhe und Gründlichkeit zu erledigen. Er hasst Zeitdruck und den daraus resultierenden Stress. Daher möchte er die Abgabe der Präsentation möglichst hinauszögern.

Welches der jeweiligen Bedürfnisse ist jetzt legitimer als das andere? Kann sich Alexandra darauf berufen, dass ihr Bedürfnis nach Pünktlichkeit gerechtfertigter ist als Saschas Bedürfnis nach einem lockeren Umgang mit Zeit? Auch wenn es in unserem Kulturkreis üblich ist, pünktlich zu sein – der konkrete Umgang mit Zeit muss unter Freunden immer wieder ausgehandelt und vereinbart werden. Saschas Wunsch nach einem flexiblen Umgang mit Zeit ist demnach ebenso legitim wie Alexandras Wunsch nach strikter Pünktlichkeit. Und auch im Konflikt zwischen Harry und Max gibt es keine Bedürfnishierarchie. Max' Bedürfnis nach möglichst stressfreier und detaillierter Ausarbeitung der Folien ist weder besser noch schlechter als Harrys Bedürfnis nach möglichst gründlicher Vorbereitung der Präsentation. Dumm nur, dass sich bei beiden Paaren die aus den Bedürfnissen resultierenden Wünsche widersprechen: Alexandra will Pünktlichkeit, Sascha zeitliche Flexibilität; Harry will einen frühen Abgabetermin, sein Kollege Max dagegen einen möglichst späten.

In einer formalen Hierarchie ist die Sachlage leichter: Wäre Alexandra die Vorgesetzte von Sascha, könnte sie ihr Bedürfnis über das von Sascha setzen und Pünktlichkeit verlangen. Und wäre Harry der Chef von Max, könnte er ihm ein Abgabedatum vorschreiben. Aber:

> Unterschiedliche Bedürfnisse und die daraus resultierenden Wünsche von Personen, die formal gleichgestellt sind, sind in aller Regel gleichwertig. Das Wesen einer konstruktiven Konfliktbewältigung besteht genau darin, dass die Konfliktpartner diese prinzipielle Gleichwertigkeit unterschiedlicher Bedürfnisse und Wünsche anerkennen und so lange miteinander verhandeln, bis sie zu einer einvernehmlichen Lösung gelangen.

Wer macht den Haushalt?

Soweit die Theorie – jetzt die Praxis der Lösungsfindung in Konflikten. Wir ziehen zur Darstellung der wichtigsten Prinzipien von Verhandlungsstrategien einen neuen Konflikt aus dem privaten Umfeld heran, den viele von uns aus eigener Erfahrung kennen dürften: die Verteilung der als lästig empfundenen Hausarbeiten innerhalb einer Partnerschaft oder Ehe.

Nehmen wir an, dass beide Partner – Mann und Frau – gleichermaßen berufstätig sind und seit etwa zwei Jahren zusammenwohnen. Kinder haben sie noch keine. Da Mann und Frau mittags bei der Arbeit nur eine Kleinigkeit »auf die Hand« essen, gibt es in der Regel an sechs Abenden der Woche zu Hause eine warme Mahlzeit; einmal pro Woche geht das Paar auswärts essen. Zu Beginn ihres Zusammenlebens haben sich die beiden Partner den Einkauf und das Kochen mehr oder weniger gleichmäßig geteilt. Doch seit einigen Monaten glänzt der Mann – nennen wir ihn Thorsten – in der Küche durch Abwesenheit. Auch beim Einkauf hält er sich vornehm zurück. Seine Frau dagegen will diesen Zustand ändern und bereitet sich auf ein Konfliktgespräch mit ihrem Partner vor. Als Grundlage dienen ihr die fünf Fragen der Selbstklärung aus dem vorletzten Abschnitt:

Die fünf Fragen der Selbstklärung

1. Frage: »Was will ich von meinem Mann? Wie soll er sich im Haushalt konkret verhalten?« *Wunsch:* »Er soll an drei Abenden der Woche kochen und dafür auch einkaufen. Halbe-halbe also!«

2. Frage: »Was habe ich davon, wenn mein Mann sich wieder gleichberechtigt an der Küche beteiligt?« *Bedürfnis:* »Die Arbeit frisst mich auf. Und wenn ich dann täglich auch noch einkaufe und koche, bleibt mir keine Zeit mehr für meine Hobbys, nämlich Walken und Radfahren. Ich brauche also mehr Freizeit.«

3. Frage: »Ist mir das wirklich so wichtig? Wenn ja, warum?« *Selbstbewusstsein*: »Ja, denn ich brauche den Sport als Ausgleich. Wenn ich mich nicht bewege, schlaffe ich richtig ab. Ich brauche einfach Entlastung, um durch eine aktive

Freizeitgestaltung wieder Lebensfreude entwickeln zu können. Mein Sport ist für mich wie ein Lebenselixier.«

4. Frage: »Die Beziehung ist ja grundsätzlich in Ordnung. Welche wohlwollenden Gründe, die nichts mit mir zu tun haben, führen also bei meinem Mann zu dessen Rückzug aus dem Haushalt?« *Vermeidung der Respektfalle*: »Wahrscheinlich denkt er gar nicht mehr darüber nach und fällt in seine alten männlichen Strukturen zurück. Ist ja auch bequemer so – und er kann seinen Hobbys nachgehen.«

5. Frage: »Gibt es einen Nutzen, den ich meinem Partner dafür in Aussicht stellen kann, dass er sich künftig paritätisch am Haushalt beteiligt?« *Nutzen*: »Sport macht mich einfach zufriedener – und davon wird auch mein Partner profitieren. Denn meine Laune wird deutlich ansteigen. Und ich weiß, wie sehr er mein Lachen und meine gute Laune liebt ...«

Filtern wir abschließend aus den Antworten noch einmal die wichtigsten Botschaften heraus, mit denen die Frau in den Konflikt mit ihrem Partner hineingehen kann:

Die zentralen Botschaften

1. Botschaft: »Ich brauche wieder mehr Zeit für mich – vor allem möchte ich wieder Sport machen.«

2. Botschaft: »Der Sport ist total wichtig – ich bin sehr angespannt. Sport gleicht mich aus. Diese Ausgeglichenheit brauche ich, um wieder mehr Freude und Energie für mein Leben zu bekommen.«

3. Botschaft: »Ich möchte, dass mein Mann dreimal pro Woche einkauft und kocht.«

4. Botschaft: »Von meiner Ausgeglichenheit wird auch mein Partner profitieren. Wenn ich wieder mehr Zeit für meinen Sport habe, werde ich weniger gereizt und aggres-

siv sein. Dann habe ich wieder die Ausstrahlung, die er so an mir liebt.«

Diese Art der Selbstklärung und die Festlegung der zentralen Botschaften müssten der Frau genügend Selbstgewissheit geben, die stürmische Anfangsphase des Konflikts mit ihrem Partner sicher überstehen zu können – und zwar ohne in die Eskalationsspirale hineinzugeraten:

»Thorsten, ich möchte mit dir etwas besprechen. Hast du einen Moment Zeit?«

»Klar, schieß los – worum geht's?«

»Wir hatten, als wir zusammengezogen sind, die Arbeiten im Haushalt sehr gleichmäßig geteilt – ohne Absprachen. Es hat blind funktioniert. Wir haben abwechselnd eingekauft und auch gekocht. Seit einigen Monaten ist es aber so, dass ich fast den kompletten Einkauf mache und auch fast jeden Abend koche. Woran liegt das?«

»Keine Ahnung – außerdem stimmt das ja auch nicht so ganz: Ab und zu kaufe ich auch ein.«

»Das stimmt, deswegen sage ich ja auch ›fast‹.«

»Natürlich liegt das auch daran, dass du einfach besser kochst. Und du hast ja meistens schon eingekauft, wenn ich nach Hause komme.«

»Ja, richtig. Aber mein Problem ist: Ich brauche einfach mehr Freizeit. Ich komme fast überhaupt nicht mehr zum Walken und Radfahren. Mein Sport ist mir total wichtig. Wenn ich mich nicht bewege, habe ich das Gefühl, ich roste ein. Ich bin total unzufrieden.«

»Und was heißt das jetzt?«

»Ich möchte die Hausarbeiten neu aufteilen und mit dir ein paar verbindliche Absprachen treffen: Ich möchte, dass wir die Arbeiten gerecht aufteilen.«

»Was ist los? Wie soll das gehen? Montags habe ich

Kung-Fu. Da kann ich nicht auch noch vorher einkaufen und kochen. Und donnerstags gehe ich zum Badminton. Das sind feste Termine.«

»Wir arbeiten beide gleich viel. Du hast deine sportlichen Aktivitäten beibehalten können. Ich komme fast überhaupt nicht mehr zum Sport. Aber ich möchte mich auch wieder regelmäßig bewegen. Ich brauche das einfach. Und deswegen finde ich die gerechte Aufteilung absolut legitim.«

»Das ist in keiner anderen Beziehung so streng.«

»Mag sein. Aber die nicht strenge Aufteilung der letzten Monate ist auf meine Kosten gegangen: Ich bin total unausgeglichen wegen der vielen Arbeit und sehr gereizt. Du hast das selbst mehrmals gesagt in den letzten Wochen und mich wegen meiner ständigen Gereiztheit kritisiert. Wenn ich wieder zu meinem Sport komme, werde ich wieder ausgeglichen sein. Das ist doch auch in deinem Sinne. Denn genau das klagst du in letzter Zeit immer wieder ein.«

»Als wenn das nur daran liegt. Deine Gereiztheit hat doch viele Ursachen – unter anderem der Stress in deiner Arbeit.«

»Richtig. Und dafür brauche ich einen Ausgleich.«

»Als wenn du von ein bisschen Sport wieder ausgeglichen wirst. Das ist doch Unsinn.«

»Es ist ein wichtiger Ansatz. Die Situation in der Arbeit kann ich nicht ändern – jedenfalls nicht von heute auf morgen. Aber ich brauche eine schnelle Änderung, denn ich bin im Moment mit meiner Situation total unzufrieden.«

»Aber halbe-halbe mach ich nicht. Du weißt, was bei mir zurzeit auf der Arbeit los ist.«

»Ja gut, muss ja nicht gleich die Hälfte sein, aber ...«

Stopp! Wir brechen den Dialog an dieser Stelle besser ab, denn die Frau bringt sich in eine denkbar schlechte Verhandlungsposition. Sie macht ihrem Mann bereits in der ersten

Verhandlungsrunde Zugeständnisse, die auf Kosten ihrer Freizeit gehen werden.

Bevor wir auf die Ebene der konkreten Lösungsfindung wechseln und uns deren wichtigste Prinzipien genauer anschauen, halten wir erst einmal fest:

- Die Frau hat beharrlich, standhaft und selbstgewiss ihre Bedürfnisse und Wünsche in den Konflikt eingebracht und sich durch die Attacken des Mannes nicht aus der Ruhe bringen lassen.
- Sie hat ihre Nutzen-Argumentation geschickt mit der Kritik ihres Mannes an ihrer Gereiztheit verknüpft.

Der Mann wiederum erkennt, dass er sich einer Neuregelung nicht weiter verschließen kann:

- Ein starres Beharren auf seinen Privilegien würde vermutlich eine ernsthafte Beziehungskrise heraufbeschwören. Daran scheint ihm nicht gelegen zu sein.
- Vermutlich erkennt er auch die Dringlichkeit der Bedürfnisse seiner Frau nach Sport und Ausgleich an. Das bedeutet: Er gewinnt im Verlaufe des Konflikts an Einsicht, dass eine Fortführung seines bisherigen Verhaltens vollkommen zulasten seiner Frau gehen würde und demnach egoistisch und rücksichtslos wäre.
- Vielleicht sieht er auch ein, dass es durchaus einen Zusammenhang zwischen der Gereiztheit seiner Frau und der ungleichen Aufteilung der Arbeiten gibt. Der Mann erkennt also den Eigennutz einer Neuaufteilung: Die daraus resultierende Ausgeglichenheit der Frau führt zu einem entspannteren Umgang in der Beziehung.

Das sind natürlich nur Spekulationen. Aber Fakt ist: Der Mann ist – nach anfänglich erbittertem Widerstand – seiner

Frau auf die Lösungsebene des Konflikts gefolgt. An dieser Stelle hatten wir den Dialog aus gutem Grund abgebrochen. Denn die Frau beging den Fehler, sich in eine schlechte Verhandlungsposition zu begeben.

Schauen wir uns die Bedürfnisse des Mannes genauer an. Wofür hat er zu Beginn des Konflikts gekämpft? Für seine Freizeit. Auch er möchte seine freie Zeit nicht durch Hausarbeiten reduzieren. Mit anderen Worten: Mann und Frau kämpfen in dem Konflikt um das gleiche Bedürfnis – beiden geht es um ein Maximum an Freizeit. Das heißt, dass trotz gleicher Bedürfnislage ein Nullsummenspiel entsteht: Was der Mann an Freizeit verliert, gewinnt die Frau – und umgekehrt. Also stellt sich für die Verhandlung aus Sicht der Frau die ganz einfache Frage: Wie viel Freizeit kann sie in dem Konflikt für sich erkämpfen?

Die eigenen Ziele definieren

Wir stellen in diesem Abschnitt ein paar grundlegende Techniken der Verhandlungsführung vor, die aus der Geschäftswelt stammen. Lassen Sie sich aber nicht von der scheinbaren Kälte und Sterilität dieser Techniken abschrecken. Sie enthalten viele brauchbare Elemente, mit deren Hilfe wir auch in unseren kleinen Verhandlungen um Putz- und Einkaufspläne oder auch Abgabezeiten und Verspätungen zu brauchbaren Ergebnissen kommen können. Und vor allem dienen diese Verhandlungstechniken wieder einmal zur Klärung des eigenen Standpunkts, mit dem wir in die Phase der Lösungsfindung von Konflikten eintreten können.

Verhandlungsziele

1. Das realistische Ziel definieren

Legen Sie, bevor Sie in einen Konflikt hineingehen, Ihr Ziel fest, von dem Sie ausgehen, dass es angesichts der realen Kräfteverhältnisse realisierbar ist. Fragen Sie sich: »Was ist unter den gegebenen Bedingungen in der Verhandlung möglich? Welche Ziele werde ich realistischerweise erreichen können und stellen für mich auch ein sehr akzeptables Ergebnis dar, mit dem ich in der nächsten Zeit gut leben kann?«

2. Maximale Ziele definieren

Definieren Sie anschließend Ihr Maximalziel. Dieses Ziel sollte dabei höher angesetzt sein als das Ziel, das Sie realistischerweise als Ergebnis für die Verhandlung anstreben.

3. Minimale Ziele definieren

Um sicher und selbstbewusst in schwierige Verhandlungen hineingehen zu können, ist es notwendig, auch die minimalen Ziele genau festzulegen. Denn wer für sich keine Untergrenze definiert hat, läuft Gefahr, in einem Konflikt den Boden unter den Füßen zu verlieren. Die Festlegung von Minimalzielen ermöglicht ein sicheres und festes Auftreten.

Zur Definition von Minimalzielen gehört es aber auch, dass Sie bereit sein müssen, bei drohender Unterschreitung die Verhandlung sofort abzubrechen und die Kooperation aufzugeben. Da dieser Schritt weitreichende Konsequenzen haben kann, sollte die Untergrenze wirklich genau reflektiert werden: »Wie wichtig sind mir meine Minimalziele? Sind sie es wert, dass ich sie notfalls auch durch Konfrontation erreiche? Bin ich bereit, eine Beziehungsstörung in Kauf zu nehmen, wenn mein Gegenüber nicht bereit ist, auf mein Minimalziel einzugehen?« Wenn Sie diese Frage nicht mit einem eindeutigen Ja beantworten können, sollten Sie die Ziele lieber so weit nach unten korrigieren, bis Sie Ihre Schmerzgrenze erreicht haben.

4. Konsequenzen bei Unterschreitung der Schmerzgrenze definieren
Legen Sie auch fest, welche Konsequenz Sie konkret ergreifen werden, falls Ihr Konfliktpartner nicht bereit sein wird, Ihre minimalen Ziele zu erfüllen. Seien Sie sich darüber im Klaren, dass die Konsequenz, die Sie dann ergreifen, zu einer Störung der Beziehung führen und den guten Frieden gefährden kann.

Jetzt übertragen wir diese vier Eckpunkte auf den Konflikt um die Aufteilung der Hausarbeiten und fragen: Mit welchen Positionen kann die Frau in die Verhandlung mit ihrem Partner eintreten? Bitte verstehen Sie diese vorgeschlagenen Ziele nicht falsch. Es sind rein fiktive Beispiele und keine konkreten Empfehlungen für Haushaltsaufteilungen. Wir maßen uns nicht an, allgemeingültige Ratschläge für die Aufteilung der Einkaufs- und Kochpläne erteilen zu können!

1. *Realistisches Ziel:* »Mein Mann kauft künftig zweimal pro Woche ein und kocht dann auch.«
2. *Maximalziel:* »Mein Mann kauft dreimal pro Woche ein und bereitet danach auch die Mahlzeit zu. Da wir einmal pro Woche auswärts essen, bedeutet diese Aufteilung halbe-halbe!«
3. *Minimalziel:* »Mein Mann übernimmt einmal die Woche den Einkauf und das Kochen.«
4. *Konsequenz:* »Falls er auf das Minimalziel nicht eingeht und auf dem Status quo beharrt, werde ich mich weigern, dienstags und mittwochs einzukaufen und zu kochen. Stattdessen werde ich einfach zum Sport gehen und mich an diesen Abenden selbst versorgen. Da wird er sauer sein und Druck machen – aber das nehme ich in Kauf.«

Vielleicht stolpern Sie über die Definition des realistischen Ziels. Es ist bewusst niedriger angesetzt als das Maximalziel »halbe-halbe«. Denn wir unterstellen für diesen Konflikt, dass es für die Frau durch die eingeschliffene und einseitige Aufteilung der letzten Monate sehr schwer werden wird, den Mann ab sofort zu einer paritätischen Aufteilung der Küchenarbeiten zu bewegen. Durch die stillschweigende Übernahme nahezu der kompletten Küchenarbeit in den letzten Monaten hat die Frau dazu beigetragen, dass sich das reale Kräfteverhältnis innerhalb der Beziehung zu ihren Ungunsten verändert hat. Es wird ihr kaum gelingen, ab sofort eine paritätische Aufteilung der Küchenarbeiten zu erkämpfen, ohne eine ernsthafte Beziehungsstörung zu riskieren. Der Mann wird – so unterstellen wir – eher eine ernsthafte Krise in Kauf nehmen, als künftig an drei Abenden pro Woche einzukaufen und zu kochen.

Aber noch einmal: Wir wollen mit diesem Beispiel nicht etwa ungerechte Geschlechterverhältnisse zementieren, sondern lediglich deutlich machen, dass es bei der Definition des realistischen Ziels wichtig ist, die realen Kräfteverhältnisse im Auge zu behalten.

Die Verhandlungsstrategie

Wir haben oben die Verhandlung über die Lösung des Konflikts um die Aufteilung der lästigen Hausarbeiten abgebrochen, weil sich die Frau durch ihr sofortiges Zugeständnis in eine schlechte Position gebracht hat:

»Aber halbe-halbe mach ich nicht. Du weißt, was bei mir zurzeit in der Arbeit los ist.«

»Ja gut, muss ja nicht gleich die Hälfte sein, aber eine deutliche Veränderung will ich schon.«

»Okay! Dann koche ich eben einmal die Woche. Dann kannst du ja deinen Sport an dem Abend machen.«

Auf das schnelle Einlenken der Frau reagiert der Mann mit einem minimalen Verhandlungsangebot: einmal Kochen pro Woche. Um ihm noch weitere Zugeständnisse abzutrotzen, wird die Frau richtig schwer und hart verhandeln müssen. Und viel mehr als die Zusage ihres Mannes, neben dem einmaligen Kochen auch noch einmalig einkaufen zu gehen, wird sie trotz zähen Ringens nicht erreichen. Dieses Ergebnis entspräche dann gerade einmal ihrem Minimalziel.

Wir behaupten: Bei geschickterer Verhandlungsführung hätte die Frau ein besseres Ergebnis erzielen können, ohne die Beziehung zu gefährden. Ihr erster Fehler bestand darin, dass sie direkt nach dem ersten Schachzug des Mannes (»Aber halbe-halbe schaff ich nicht …«) eingelenkt hat. Wahrscheinlich war ihr von Anfang an klar, dass eine paritätische Aufteilung der Hausarbeiten illusorisch ist. Also reduziert sie bereits nach dessen ersten Vorstoß ihre Ziele, an deren Realisierung sie ohnehin nicht geglaubt hat. Ein ehrlicher Zug der Frau – aber ein weitreichender taktischer Fehler!

Um ein möglichst gutes Verhandlungsergebnis im Konflikt um die Arbeiten im gemeinsamen Haushalt zu erzielen, empfehlen wir der Frau die folgenden vier Schritte der Verhandlungsführung:

1. Maximalziel nennen und untermauern

Während der ersten Verhandlungsphase ist die Frau angehalten, ihr Maximalziel klar, unmissverständlich und selbstverständlich zu nennen. Bei Widerstand des Gegenübers wird dieses Ziel nicht etwa sofort aufgegeben, sondern im Gegenteil bekräftigt und legitimiert mit dem zentralen Bedürfnis:

»Aber halbe-halbe schaff ich nicht. Du weißt, was bei mir zurzeit in der Arbeit los ist.«

»Auch bei mir ist in der Arbeit zurzeit richtig viel Stress. Ich bleibe dabei: Ich möchte eine gleichberechtigte Aufteilung, denn ich brauche einfach wieder Zeit für mich und meinen Sport.«

Wir machen häufig den Fehler, dass wir in den Verhandlungen mit unseren Konfliktpartnern gleich zu Beginn unsere realistischen Ziele auf den Tisch legen. Damit nehmen wir uns selbst jeden Verhandlungsspielraum. Oder kennen Sie eine Gewerkschaft, die eine Lohnerhöhung von fünf Prozent dadurch erkämpft, dass sie mit genau diesem Angebot in eine Verhandlung einsteigt? Wer fünf Prozent erkämpfen möchte, muss eine Eröffnungsforderung von mindestens acht Prozent auf den Tisch legen und diese Zahl auch einige Verhandlungsrunden halten können.

2. Zu niedrige Angebote deutlich zurückweisen

Mögliche Angebote des Mannes, die zu niedrig erscheinen, werden von der Frau deutlich und ohne jede Begründung kategorisch zurückgewiesen. Die Grenzziehung gegenüber einem inakzeptablen Angebot muss unmissverständlich und klar erfolgen, um dem Partner jede Hoffnung auf ein Verhandlungsergebnis in diesem Bereich zu nehmen: »Schlag dir das aus dem Kopf. Lediglich einmal die Woche kochen ist völlig inakzeptabel. Das mache ich nicht mit. Ausgeschlossen!«

3. Offen sein für die Schmerzgrenze des Konfliktpartners

Wir hatten unterstellt, dass die Frau in unserem Konflikt bereits vor der Auseinandersetzung ahnt, dass ihr Mann eher eine ernsthafte Beziehungskrise in Kauf nehmen wird, als einer gleichberechtigten Aufteilung des Einkaufs und des Kochens zuzustimmen. Für die Verhandlung bedeutet das, dass sie einerseits eine Zeit lang ihre Maximalziele halten sollte, andererseits aber ihren Mann genau beobachten sollte, um einschätzen zu können, wann er droht, die Verhandlung abzubrechen und die Krise in Kauf zu nehmen. Denn das ist der Zeitpunkt, an dem die Frau ihren festen Standpunkt (»Ich will halbe-halbe!«) verlassen muss, um Bewegung in den Konflikt in Form eines reduzierten Angebots zu bringen.

4. Das realistische Ziel

Für den Mann stellt sich zu diesem Zeitpunkt der Konflikt mit seiner Frau wie folgt dar: »Es gibt nur zwei Möglichkeiten – entweder ich muss halbe-halbe schlucken oder es gibt eine ernsthafte Beziehungskrise. Dann lieber die Krise!« Und genau jetzt, da der Mann sich eher für die Beziehungskrise als für die Hausarbeiten zu entscheiden droht, kommt ihm seine Frau entgegen: Sie unterbreitet ihm ein Angebot, das gegenüber den beiden anderen Varianten (halbe-halbe oder Krise) das kleinere Übel darstellt: zweimal einkaufen und kochen pro Woche.

Zusammengefasst lautet die Verhandlungsstrategie also:

Die Verhandlungsstrategie

1. Mit dem Maximalziel die Verhandlung eröffnen und dieses Ziel möglichst lange halten und mit den Bedürfnissen abstützen.
2. Ziele des Partners, die unannehmbar erscheinen, deutlich und unmissverständlich zurückweisen.
3. Die Schmerzgrenze des Partners wahrnehmen.
4. Kurz vor Verhandlungsabbruch ein Kompromissangebot in Form des vorher formulierten realistischen Ziels unterbreiten.
5. Das realistische Ziel möglichst lange halten und nur zur Not noch weitere Zugeständnisse machen.

Der Verhandlungspoker

Die Eckpfeiler für die Verhandlung sind jetzt festgelegt und die Strategie steht. Im Konflikt um die Neuverteilung der Hausarbeiten kann die Lösungsebene so aussehen:

»Aber halbe-halbe mach ich nicht. Du weißt, was bei mir zurzeit in der Arbeit los ist.«

»Auch bei mir ist in der Arbeit zurzeit richtig viel Stress. Ich bleibe dabei: Ich möchte eine gleichberechtigte Aufteilung, denn ich brauche einfach wieder Zeit für mich und meinen Sport. Diese Aufteilung haben wir zu Beginn unserer Beziehung monatelang praktiziert. Und genau diese Aufteilung brauche ich auch, um wieder Zeit für mich zu haben.« (Maximalziel und Bedürfnis)

»Das ist doch vollkommener Unsinn und absolut unrealistisch.«

»Die gleichberechtigte Aufteilung ist absolut gerecht. Wir arbeiten beide. Und ich möchte genau so viel Freizeit wie du.« (Maximalziel und Bedürfnis)

»Und wenn ich mal wieder die Waschmaschine reparieren muss? Zählt das etwa nicht?«

»Natürlich. Das können wir dann gerne verrechnen.«

»Diese Rechnerei ist doch kleinlich. Das mache ich nicht mit.«

»Und ich mache nicht mehr mit, dass ich fast keine Freizeit mehr habe. Deshalb die gerechte Teilung.« (Maximalziel und Bedürfnis)

»Weißt du was: Nicht mit mir. Ich biete dir an: Einmal die Woche koche ich. Aber nicht montags und donnerstags.«

»Keine Chance. Völlig ausgeschlossen. Das ist alles andere als gerecht. Der Hauptbatzen bleibt dabei an mir hängen und geht auf Kosten meiner Freizeit und meiner Nerven. Brauchen wir nicht einmal drüber zu reden.« (Zurückweisung der Unterschreitung des Minimalziels)

»Über deine Forderung auch nicht.«

»Halbe-halbe ist eine faire Aufteilung, wenn beide arbeiten.« (Maximalziel)

»Nee, komm mir nicht mit Fairness. *Du* bist nicht fair, denn du weißt genau, was ich zurzeit für einen Stress in der Arbeit habe. Und mir genau in dieser Situation die Pistole auf die Brust zu setzen: *Das* ist unfair.«

»Den Stress in deiner Arbeit hast du seit ziemlich genau vier Wochen – nämlich seit eurer Umstrukturierung. Die ungleiche Aufteilung zwischen uns besteht seit fast einem Jahr. Noch einmal: Ich möchte eine gerechte Aufteilung.« (Maximalziel)

»Das ist Erpressung.«

»Nein, sondern eine völlig legitime Forderung – wenn beide arbeiten.«

»Aber nicht mit mir. Das mach ich nicht mit. Schluss,

aus. Einmal die Woche koche ich! Alles andere kannst du dir von der Backe putzen.« (Drohung mit Verhandlungsabbruch und Billigung einer Ehekrise)

»Also gut, ich komme dir entgegen und übernehme für die Zeit der Umstrukturierung in deiner Abteilung den größeren Teil: Ich bin viermal pro Woche zuständig für Einkauf und Essen und du nur zweimal. Das ist ein faires Angebot.« (Realistisches Ziel)

»Zweimal die Woche? Wie soll das gehen?«

»Du zweimal, ich viermal. Das ist mehr als fair.« (Realistisches Ziel)

»Und was ist mit meinen Abendterminen?«

»Die können wir bei der konkreten Festlegung gern berücksichtigen.«

»Und was ist mit meinen Handwerksarbeiten?«

»Die stehen als Ausgleich für die komplette Wäsche und das Putzen der Wohnung.«

»Siehst du, also zählen die doch nicht!«

»Doch, sonst könnten wir sie nicht verrechnen. Das ist ein absolut faires Angebot, in dem die vielen hundert Stunden, die ich in den letzten Monaten mehr im Haushalt gearbeitet habe als du, nicht einmal verrechnet sind.«

»Ja gut, meinetwegen.«

Eine zähe und langwierige Verhandlung, die kurz vor dem Scheitern stand. Und doch ist es der Frau dank ihrer klaren Strategie gelungen, das Heft des Handelns während der gesamten Debatte in der Hand zu behalten. Sie hat das Optimum aus der Situation herausgeholt. Das Maximalziel war nicht realisierbar; der Mann hätte eher eine Beziehungskrise riskiert, als der Aufteilung halbe-halbe zuzustimmen. Die Frau wiederum hatte bereits vor dem Konflikt bei der Aufstellung ihrer Ziele für sich festgelegt, dass für sie ein Verhandlungsabbruch um den Preis einer Krise nur dann infrage kommt, wenn ihre Minimalziele unerreichbar sind. Der gefundene Kompromiss bewegt sich aber deutlich oberhalb ihres Minimalziels; er entspricht ihrem vorher definierten realistischen Ziel.

Was ist, wenn nicht?

Immer wieder werden wir in unseren Trainings zur respektvollen Selbstbehauptung mit zwei Fragen konfrontiert, die den gleichen Grundtenor haben: Was ist, wenn nicht?

- »Was ist, wenn mein Konfliktpartner nicht einmal meine Minimallösung akzeptiert?«
- »Was ist, wenn mein Konfliktpartner zwar einer Lösung zustimmt, sich aber in der Folgezeit nicht daran hält?«

Sollte die Strategie der respektvollen Selbstbehauptung nicht zu der gewünschten Verhaltensänderung des Gegenübers führen, bleiben immer noch die Möglichkeiten der konfrontativen Durchsetzungsfähigkeit: Der Konfliktpartner soll durch den Einsatz von Druckmitteln zur Verhaltensänderung bewegt werden.

Die Konfrontation im Konflikt folgt dem »Wenn du nicht ..., dann ...«-Prinzip:

- »Wenn du nicht pünktlich zu unseren Treffen erscheinst, werde ich mich nicht mehr in der Stadt mit dir verabreden, sondern erwarten, dass du mich zu Hause abholst.«
- »Wenn du nicht an mindestens einem Abend in der Woche kochst und dafür einkaufst, werde ich im Gegenzug dienstags und mittwochs weder kochen noch einkaufen. Stattdessen werde ich mich selbst versorgen und den Abend freimachen.«

● »Wenn du mir nicht bis spätestens heute Abend die Folien übergibst, werde ich unseren Vorgesetzten darüber informieren.«

Der Unterschied zwischen der Konfrontation und der respektvollen Selbstbehauptung besteht demnach in einem ganz zentralen Punkt:

> Bei der konfrontativen Konfliktbewältigung soll die Verhaltens-änderung des Gegenübers durch Druck erzwungen werden; die respektvolle (= kooperative) Selbstbehauptung setzt darauf, dass der Konfliktpartner sein Verhalten auf der Basis von Einsicht ändert.

Wir können die Vorgehensweise einer konfrontativen Selbstbehauptung anhand des Konflikts um die Neuaufteilung der Hausarbeiten durchspielen: Unterstellen wir, dass der Mann entweder nicht bereit ist, seiner Frau Zugeständnisse in Sachen Kochen und Einkauf zu machen, oder aber ein von ihm gemachtes Zugeständnis (einmal pro Woche kochen und Einkauf) nicht in die Tat umsetzt. In beiden Fällen sind alle Möglichkeiten der respektvollen Selbstbehauptung ausgeschöpft.

Das Wesensmerkmal der Konfrontation ist, dass die Frau ihren Mann vor die Wahl stellt: »Entweder du gehst auf mein Minimalziel von einmal pro Woche einkaufen und kochen ein, oder ich werde an zwei Abenden pro Woche weder einkaufen noch kochen und stattdessen zum Sport gehen oder einfach Feierabend machen.«

Eine von uns gewählte Konsequenz muss zwei Kriterien entsprechen:

1. Wir selbst müssen gut mir ihr leben können. Das heißt: Ihr Nutzen für uns (an zwei Abenden pro Woche frei) muss die zu erwartenden Kosten (Beziehungsstörung, Gegendruck, Druck aufrechterhalten, Kontrolle) überwiegen.

2. Die Konsequenz muss für unseren Konfliktpartner so unangenehm sein (kein Essen an zwei Abenden pro Woche),
   dass er eher auf unsere Minimalforderung (einmal pro
   Woche kochen und einkaufen) eingeht, als die Konsequenzen zu tragen. Wir sollten also relativ sicher sein, dass
   die erpresste Lösung sich für ihn als das kleinere Übel
   darstellt.

Doch Vorsicht: Die Nebenwirkungen der druckvollen Selbstbehauptung können stark sein:

- Die Beziehungsebene der Konfliktpartner wird gestört.
- Druck erzeugt Gegendruck. Irgendwann und irgendwo
  wird der besiegte Konfliktpartner zurückschlagen.
- Eine durch Druck erzwungene Lösung funktioniert nur
  so lange, wie der eingesetzte Druck auch aufrechterhalten
  wird. Lässt der Druck nach, wird der Konfliktpartner zu
  seinem alten Verhaltensmuster zurückkehren. Ein einmal
  eingesetzter Druck muss also ständig beibehalten werden.
  Und die Ausübung von Druck kostet Kraft.
- Es muss ständig kontrolliert werden, ob die durch Druck
  erzwungene Lösung auch tatsächlich umgesetzt wird.

Daher gilt: Die erste Wahl in einem Konflikt ist stets die respektvolle Selbstbehauptung, indem wir Einsicht beim Konfliktpartner zu erzielen suchen. Wenn diese Vorgehensweise
gescheitert ist, bleibt die Wahl zwischen der Konfrontation
oder dem Arrangement mit dem störenden Verhalten.

Checkliste für die Selbstbehauptung in Konflikten mit Gleichgestellten

1. Schritt: Das Einsichtsgespräch

Zunächst einmal gilt es zu klären, ob die Prämissen für eine kooperative Vorgehensweise im jeweiligen Konflikt überhaupt gegeben sind:

Grundvoraussetzungen für Kooperation

1. Kann ich bei meinem Konfliktpartner von einem Mindestmaß an Grundrespekt mir gegenüber ausgehen? Liegt auch ihm an einer guten (freundschaftlichen oder kollegialen) Beziehung?
2. Kann ich meinem Konfliktpartner einen handfesten Nutzen dafür anbieten, dass er sein Verhalten gemäß meiner Wünsche und Bedürfnisse ändert?

Nur wenn mindestens eine der beiden Fragen mit einem Ja beantwortet werden kann, sind die Voraussetzungen für den Weg der respektvollen Selbstbehauptung im jeweiligen Konflikt erfüllt.

Die Ziele des Einsichtsgesprächs

1. Der Konflikt sollte das gute kollegiale oder freundschaftliche Verhältnis nicht gefährden.
2. Die von mir gewünschte Verhaltensänderung meines Konfliktpartners sollte freiwillig erfolgen.
3. Die Verhaltensänderung sollte dauerhaft sein.

Einsicht worin?

1. Mein Gegenüber soll einsehen, dass sein bisheriges Verhalten bei mir große Probleme verursacht.
2. Mein Gegenüber soll einsehen, dass ich dringliche Bedürfnisse habe, deren Erfüllung mir durch sein bisheriges Verhalten erschwert oder gar unmöglich gemacht wird.
3. Mein Gegenüber soll einsehen, dass er möglicherweise selbst einen Nutzen davon hat, wenn er sein Verhalten verändert.

Das bedeutet: Aus Respekt gegenüber meinen unerfüllten Bedürfnissen und vielleicht sogar aus Eigennutz soll mir mein Konfliktpartner entgegenkommen und Zugeständnisse machen.

Aus den Konfliktzielen ergeben sich die fünf Fragen der Selbstklärung:

Die fünf Fragen der Selbstklärung

1. *Wünsche:* Was möchte ich von der anderen Person? Welche konkrete Verhaltensänderung wünsche ich mir von meinem Gegenüber? Was soll er oder sie künftig tun?
2. *Bedürfnisse:* Warum genau möchte ich diese gewünschten Verhaltensänderungen herbeiführen? Was ändert sich bei mir zum Positiven, wenn sich mein Gegenüber so verhält, wie ich es gerne möchte?
3. *Selbstgewissheit:* Stehe ich wirklich – ohne Wenn und Aber – zu diesen Bedürfnissen? Erachte ich meine Bedürfnisse für wichtig – obwohl ich dadurch empfindlich, kleinlich oder engstirnig auf meinen Kontrahenten wirken könnte?
4. *Vermeidung der Respektfalle:* Welche Beweggründe, die nichts mit mir zu tun haben, mag mein Gegenüber wohl haben, dass er oder sie das mich störende Verhalten zeigt?

5. *Nutzen:* Kann ich meinem Konfliktpartner einen Nutzen – außer der Verbesserung unserer (durch den schwelenden Konflikt getrübten) Beziehung – dafür anbieten, dass er sein Verhalten gemäß meiner Wünsche ändert? Wenn ja, welcher Nutzen ist es?

Filtern Sie aus den Antworten auf die Fragen der Selbstklärung Ihre zentralen Botschaften heraus. Formulieren Sie diese Botschaften möglichst mit knappen Sätzen schriftlich.

Die zentralen Botschaften

1. Meine wichtigsten *Bedürfnisse* in dem Konflikt sind: ...
2. Meine *Wünsche*, die ich an den Konfliktpartner herantragen werde, lauten: ...
3. Meine *Nutzen*-Argumentation lautet gegebenenfalls: ...

2. Schritt: Die Verhandlungspositionen

Gehen Sie davon aus, dass Sie unter Umständen nicht alle Ihre Ziele erreichen werden. Sie werden dann Kompromisse schließen müssen:

Verhandlungsziele definieren

1. Definieren Sie Ihr *realistisches Ziel.*
2. Definieren Sie Ihr *Maximalziel.*
3. Definieren Sie Ihr *Minimalziel.*
4. Legen Sie die *Konsequenz* fest, die Sie bei Unterschreitung Ihres Minimalziels ergreifen werden.

Die Verhandlungsstrategie

1. Gehen Sie mit Ihrem *Maximalziel* in eine Verhandlung hinein. An diesem Ziel sollten Sie möglichst lange festhalten und es mit Ihrem zentralen Bedürfnis abstützen.
2. *Inakzeptable Angebote* des Kontrahenten werden kompromisslos und unmissverständlich zurückgewiesen.
3. Droht Ihr Gegenüber mit Abbruch der Verhandlung, ist Bewegung notwendig. Jetzt erst ist die Zeit reif für die Unterbreitung Ihres *realistischen Angebots*.
4. Unterbreiten Sie Ihrem Konfliktpartner Ihr realistisches Ziel als Kompromiss, das als »letztes Angebot« erscheint und bei Bedarf nur noch in Details nachverhandelt wird.

3. Schritt: Was ist, wenn nicht?

Sollte sich während oder nach dem Konfliktgespräch herausstellen, dass Ihrem Gegenüber nicht an einer einvernehmlichen Lösung gelegen ist bzw. dieser sein Verhalten nicht verändert, klären Sie für sich, welchen weiteren Weg Sie einschlagen wollen:

Wie weiter?

Gegendruck: Bin ich bereit, den Preis für eine durch Druck erzwungene Lösung zu bezahlen (Beziehungsstörung, Gegendruck, Druck aufrechterhalten, Kontrolle)?
Arrangement: Oder aber kann und will ich mich mit dem mich störenden Verhalten so arrangieren, dass ich halbwegs gut damit leben kann?

4. Schritt: Konfrontative Selbstbehauptung

Sollten Sie sich für den Weg der Veränderung entschieden haben, dann klären Sie vor dem konfrontativen Konfliktgespräch die folgenden zwei Punkte: Entweder ... oder ...!

So oder so!

Entweder: Welches Minimalziel werde ich meinem Konfliktpartner als Alternative zur Konsequenzebene anbieten?

Oder: Welche Konsequenz werde ich meinem Kontrahenten für den Fall androhen, dass er sich nicht auf die Erfüllung meines Minimalziels einlässt?

Konflikte mit dem Chef

In unseren Konfliktseminaren in Betrieben, Behörden, Vereinen, Verbänden oder Unternehmen hören wir vonseiten der Mitarbeiterinnen und Mitarbeiter immer wieder das gleiche Lamento: »Unser Chef kann mit Kritik einfach nicht umgehen. Der fährt immer so schnell aus der Haut, wenn man ihn mal kritisiert oder ein paar Dinge ändern möchte.« Kein Wunder, dass die betreffenden Personen fortan ihren Ärger eher herunterschlucken, statt das Kritikgespräch mit ihren Vorgesetzten zu suchen und damit Chancen für Veränderungen zu eröffnen. Die Folge: Resignation.

Aber warum gibt es so viele Vorgesetzte, die mit einer konstruktiven Kritik ihrer Mitarbeiterinnen und Mitarbeiter nur schwer umgehen können? Unsere Antwort nach unzähligen Erfahrungen lautet: weil viele Vorgesetzte eine an sie gerichtete Kritik häufig als eine Infragestellung der Hierarchie missverstehen. Das bedeutet: Wenn in einem Konflikt ein Mitarbeiter den Chef in einem bestimmten inhaltlichen Punkt kritisiert und eine Verhaltensänderung seitens des Vorgesetzten wünscht, ist die Gefahr groß, dass dieser die Kritik als Generalangriff auf seine Vorgesetztenposition empfindet. Neben der sachlichen Kritik mischt sich also – zumindest aus Sicht des Vorgesetzten – eine zweite Ebene in den Konflikt hinein, die ein wesentlich größeres Konfliktpotenzial enthält als der inhaltliche Punkt selbst: »Der Mitarbeiter greift meine Position als Chef an und untergräbt mit seiner Kritik die Hierarchie. Das darf ich mir nicht bieten lassen.« Und da – aus der Perspektive des Chefs – die Kritik des Mitarbeiters verknüpft wird mit einem Angriff auf die eigene Führungsposition, glaubt dieser, seine Vorgesetztenposition dadurch absichern zu müssen, dass er die sachliche Kritik des Mitarbeiters scharf zurückweist.

Genau das ist die Situation, die aus Sicht der Mitarbeiterinnen und Mitarbeiter eine konstruktive Konfliktbewältigung mit den betreffenden Vorgesetzten so schwer macht: Sie wundern sich über die Härte und Unnachgiebigkeit, mit denen ihnen die Chefinnen oder Chefs im betreffenden Konfliktgespräch begegnen. Die Mitarbeiterinnen und Mitarbeiter wiederum fühlen sich ungerechtfertigterweise angegriffen und fürchten weitergehende Konsequenzen: »Der Chef sitzt am längeren Hebel. Da kannst du dir nur die Finger verbrennen. Besser nichts mehr sagen und den Ärger runterschlucken.« Also ziehen sie sich ängstlich, frustriert und verletzt zurück. Und sollte diese Art der »Konfliktbewältigung« häufiger vorkommen, tritt ein folgenschwerer Mechanismus in Kraft: Die Mitarbeiterinnen und Mitarbeiter machen Dienst nach Vorschrift oder gehen in den Zustand der inneren Kündigung.

Der *FOCUS* zitierte im Februar 2008 eine Studie des Umfrageinstituts Gallup, nach der 68 Prozent der Arbeitnehmer Dienst nach Vorschrift machen. 19 Prozent haben bereits die innere Kündigung vollzogen. Bleiben nur noch 13 Prozent, die beteuerten, sie würden sich voll für den Job einsetzen.

> Als Hauptursache für Dienst nach Vorschrift und innere Kündigung wird von den betroffenen Mitarbeiterinnen und Mitarbeitern angegeben: mangelnde Wertschätzung und Konflikte mit den Vorgesetzten.

Wir möchten dennoch betonen: Es gibt zum Glück unzählige Vorgesetzte in unseren Verbänden, Vereinen, Verwaltungen, Institutionen, Betrieben und Unternehmen, die sich ihrer Führungsposition sehr sicher sind und eine inhaltliche Kritik seitens ihrer Mitarbeiter nicht als Generalangriff auf ihre Führungsposition missverstehen. Diese Vorgesetzten sind durchaus in der Lage, mit Konflikten und Kritik ihrer Mitarbeiterinnen und Mitarbeiter souverän, sachlich und selbstkritisch umzugehen.

Aber wir wissen auch: Wenn es nur selbstsichere und führungsstarke Chefinnen und Chefs gäbe, hätte der Themenblock »Konflikte mit Vorgesetzten« in unseren Seminaren nicht die Bedeutung, die ihm die Teilnehmer immer wieder zumessen: Es ist das meistgefragte Thema mit der zugleich größten emotionalen Brisanz. Grund genug also, diesem Inhalt einen eigenen Schwerpunkt in unserem Buch zu widmen.

Wir nehmen in diesem Kapitel über die Konflikte mit Vorgesetzten eine wichtige Unterscheidung vor: Zunächst werden wir Konflikte zwischen Mitarbeitern und Chefs beleuchten, die eher auf einer *persönlichen Ebene* angesiedelt sind: Auseinandersetzungen um Umgangsformen und die Art und Weise des Miteinanders. Im zweiten Teil geht es dann um *sachliche Konflikte*, also um Fragen der Arbeitsorganisation, der Zeitvorgaben, der Zielvereinbarungen, der Ressourcenverteilung oder der Arbeitsqualität.

Diese inhaltliche Differenzierung ist notwendig. Denn die sachlichen Konflikte mit Vorgesetzten erfordern eine andere Vorgehensweise seitens der Mitarbeiterinnen oder Mitarbeiter als die eher persönlichen Konflikte.

Persönliche Konflikte

Schauen wir uns zunächst einen idealtypischen persönlichen Konflikt zwischen einer Mitarbeiterin und ihrem Vorgesetzten an. Die Vorgeschichte ist schnell erzählt:

Auf der letzten Teamsitzung hat der Teamleiter Herr Fröbel die Mitarbeiterin Frau Maier unterhalb der Gürtellinie attackiert. Auf der Sachebene war seine Kritik an der Mitarbeiterin berechtigt – sie war mit der Abwicklung eines Projekts im Rückstand. Doch der Ton des Vorgesetzten war aus Sicht der betroffenen Kollegin alles andere als angemessen. So sagte er ihr mit leicht süffisantem Lächeln: »Frau Maier, Sie scheinen die Arbeit nicht gerade erfunden zu haben. Kinder, Küche und Job sind vielleicht doch etwas viel für Sie.« Oder auch: »Nehmen Sie sich vielleicht mal ein Beispiel an Ihren Kolleginnen. Die packen zu, wenn's zeitlich eng wird.« Auf der Teamsitzung selbst hat sich Frau Maier zurückgehalten und die Tiefschläge des Chefs heruntergeschluckt. Sie wollte vermeiden, ihn vor den versammelten Kolleginnen und Kollegen bloßzustellen und dadurch zusätzlich zu reizen.

Also hat sie sich dazu entschlossen, mit ihrem Vorgesetzten ein Gespräch über die Angelegenheit im Team unter vier Augen zu führen. Wir geben den Inhalt dieses Disputs im Wortlaut wieder. Stellen Sie sich dabei den Tonfall von Frau Maier leicht gereizt vor:

»Herr Fröbel, ich muss dringend mit Ihnen über die letzte Teamsitzung sprechen. Das kann ich so nicht auf mir sitzen lassen.«

»Nun kommen Sie erst mal runter und setzen Sie sich.«

»Sie haben mich vor der versammelten Mannschaft gedemütigt und behandelt wie ein kleines Schulmädchen. Bei aller berechtigten Kritik an meiner Verzögerung im Projekt

– Ihr Ton, mit dem Sie mich kritisiert haben, war nicht angemessen. Ich erwarte von Ihnen als Führungskraft ...«

»Nun hören Sie mal zu: Sie liegen mit Ihrem Projekt hinten – und Sie wissen, welche Bedeutung Ihre Arbeit hat. Da hängen noch andere Projekte mit dran. Da war meine Kritik noch milde und außerdem nicht so gemeint. Vielleicht haben Sie ja die Ironie überhört. Ich wollte Ihnen eine Brücke damit bauen. Und jetzt nehmen Sie sich hier diesen Ton heraus! Was glauben Sie eigentlich, wer Sie sind? Erledigen Sie Ihre Arbeiten pünktlich, dann reden wir über den Ton. Aber auch den Ihren. Und jetzt entschuldigen Sie mich bitte. Das Gespräch ist für mich beendet. Ich habe zu tun – und Sie auch!«

Peng! Der Schuss ist deutlich nach hinten losgegangen. Wir haben genau das erlebt, was wir oben als Hauptgefahr für Konfliktgespräche mit Vorgesetzten ausgemacht haben: Der Chef fühlt sich nicht nur wegen seines Tons kritisiert, sondern deutet die Vorgehensweise seiner Mitarbeiterin als Angriff auf seine Position als Vorgesetzter. Für ihn hat der Konflikt zwei Ebenen: die inhaltliche Ebene (»Die Mitarbeiterin kritisiert meinen Ton auf der Teamsitzung«) und die Hierarchieebene (»Die stellt mich als Führungsperson infrage«). Wir behaupten, dass die heftige Reaktion des Chefs hauptsächlich im zweiten Punkt begründet ist – in der Hierarchieebene.

Analysieren wir einmal den Konflikt zwischen der Mitarbeiterin und ihrem Vorgesetzten unter diesem Aspekt. Wodurch genau sah sich der Chef in seiner vorgesetzten Position infrage gestellt?

1. Die Mitarbeiterin bittet ihren Vorgesetzten nicht um ein Gespräch, sondern drängt es ihm ohne Rücksprache auf: »Herr Fröbel, ich muss dringend mit Ihnen über die letzte Teamsitzung sprechen.« Dadurch bestimmt sie über seine

Zeit. Die Grundregel in Hierarchien lautet aber: Ranghöhere Personen haben mehr Möglichkeiten, über die Zeit nachgesetzter Personen zu verfügen, als umgekehrt. Mit anderen Worten: Aufgrund der Tatsache, dass Frau Maier ungefragt über die Zeit ihres Vorgesetzten verfügt, begibt sie sich ihm gegenüber in einen höheren kommunikativen Status – sie behandelt ihn von oben herab.

2. Gleich danach maßt sich die Mitarbeiterin an, darüber urteilen zu können, welchen Ton ihr Vorgesetzter anschlagen darf und welchen nicht: »Ihr Ton (...) war nicht angemessen.« Auch mit dieser Formulierung begibt sie sich in den kommunikativen Hoch-Status gegenüber ihrem Chef und verstößt gegen die Regel: In Hierarchien steht es vorgesetzten Personen eher zu, das Verhalten nachrangiger Personen zu beurteilen, als umgekehrt.

3. Mit dem Satz »Ich erwarte von Ihnen als Führungskraft ...« brechen endgültig alle Dämme des Vorgesetzten. Barsch schneidet er seiner Mitarbeiterin das Wort ab und beendet mit ein paar Belehrungen und erneuten Verletzungen das Gespräch. Völlig zu Recht – aus seiner Perspektive. Denn mit der Formulierung »Ich erwarte ...« begeht die Mitarbeiterin ein weiteres Vergehen gegen ungeschriebene Hierarchiegesetze: Erwartungen werden aus einer Führungsposition heraus geäußert. Dem formal untergeordneten Status eines Mitarbeiters angemessen ist dagegen die Formulierung einer Bitte – nicht aber einer Erwartung.

Somit maßt sich Frau Maier innerhalb weniger Sekunden mehrere Male einen Hoch-Status an, der ihr in der Hierarchie gegenüber ihrem Vorgesetzten nicht zusteht. Die – formal gesehen – untergeordnete Mitarbeiterin behandelt ihren Vorgesetzten von oben herab.

Kein Wunder also, dass dieses kurze Gespräch über den Vorfall in der letzten Teamsitzung ein derart jähes Ende findet. Herr Fröbel sieht sich nicht nur einer Kritik an seinem Umgangston, sondern vor allem einem Angriff auf seine Führungsposition ausgesetzt. Denn er hört aus dem kommunikativen Status seiner Mitarbeiterin die heimliche Botschaft heraus: »Ich sage Ihnen jetzt deutlich und von oben herab: Ihr Ton aus der letzten Teamsitzung war einer Führungskraft nicht angemessen. Wenn Sie einen derartigen Ton anschlagen, dann stehen Sie – zumindest moralisch – unter mir!« Aufgrund dieser Statusinterpretation kann der Chef gar nicht anders, als mithilfe einer barschen Zurückweisung die Hierarchie wieder zu bekräftigen und damit seiner Angestellten unmissverständlich klarzumachen: »Der Chef im Ring bin und bleibe ich!« Die Mitarbeiterin wiederum denkt vermutlich: »Mal wieder typisch. Der kann nicht mal Kritik an seinem Ton vertragen, ohne sich sofort infrage gestellt zu sehen. Der ist führungsschwach.«

Die Ursachen des zu hohen kommunikativen Status seitens der Mitarbeiterin sind leicht erklärbar:

- Zum einen rüstet Frau Maier – aus Angst davor, im Gespräch vom Chef abgekanzelt zu werden – innerlich auf. Und diese innere Aufrüstung (»Ich werde mich nicht wieder von ihm kleinmachen lassen! Das lass ich mir nicht bieten!«) führt nahezu zwangsläufig zu genau dem hohen kommunikativen Status, den der Chef als Angriff auf seine Führungsposition missversteht.
- Zum anderen wird Frau Maier immer noch einen Rest Wut im Bauch haben, der sie zur inneren Aufrüstung anstachelt. Wut ist aber ein schlechter Ratgeber, wenn es gilt, mit klarem Verstand und kühlem Kopf die eigenen Interessen gegen einen ranghöheren (= formal überlegenen) Kontrahenten zu verfolgen.

Das Kuriose an dieser kleinen Geschichte ist, dass wahrscheinlich weder dem Vorgesetzten noch der Mitarbeiterin klar sein dürfte, warum der Konflikt eskaliert ist. Beiden Personen ist die Metaebene des Konflikts, nämlich die Hierarchiefrage, nicht bewusst. Und solange ihnen diese Ebene des Konflikts nicht bewusst ist, können sie den Konflikt nicht lösen.

Druck raus – Einsicht rein

Vermutlich wissen Sie bereits, was jetzt folgt: die gedankliche Vorbereitung auf den Konflikt als Grundlage für eine respektvolle Durchsetzungsfähigkeit. Also gilt es zunächst einmal, sich der eigenen Ziele im Vorfeld eines Konflikts bewusst zu werden.

Im ersten Gespräch, das wir Ihnen gerade vorgestellt haben, hat Frau Maier Druck auf ihren Vorgesetzten ausgeübt – und ist daher mit wehenden Fahnen untergegangen. Die erste Frage, die sich Frau Maier stellen sollte, lautet also: Auf welcher Basis möchte ich erreichen, dass Herr Fröbel sein Verhalten mir gegenüber künftig ändert? Die Antwort kann nur lauten: Auf der Basis von Einsicht!

Also gilt es, der Einsichtsfähigkeit von Herrn Fröbel etwas auf die Sprünge zu helfen, indem sich Frau Maier zunächst die folgenden fünf Fragen der Selbstklärung beantwortet:

1. *Frage:* Was will ich von meinem Chef? *Bitte:* Ich möchte von ihm die Zusage dafür bekommen, dass er Kritik an mir künftig rein sachlich übt und jegliche persönlichen Tiefschläge vermeidet.
2. *Frage:* Was habe ich davon, wenn ich die Zusage von ihm bekomme? *Bedürfnis:* einen wertschätzenden Umgang

miteinander, eine respektvolle Kritik nach begangenen Fehlern und dadurch eine grundsätzliche Anerkennung meiner Person und Arbeit.

3. *Frage*: Warum ist mir das so wichtig? *Selbstbewusstsein*: Sachliche Kritik ist notwendig. Aber trotz des Rückstands im Projekt: Ich arbeite viel und hart. Dafür brauche ich die Anerkennung des Chefs und einen respektvollen Umgangston. Nur wenn ich als Mensch und Mitarbeiterin wertgeschätzt werde, kann ich auch wertvolle Arbeit leisten.

4. *Frage*: Welche wohlwollenden Gründe, die nichts mit mir zu tun haben, führen beim Vorgesetzten dazu, dass er mich so abgekanzelt hat im Team? *Vermeidung der Respektfalle*: Wahrscheinlich steht er selbst mit dem Rücken zur Wand und kommt wegen der Verzögerung in Druck und Rechtfertigungszwang gegenüber seinen Vorgesetzten.

5. *Frage*: Welchen Nutzen kann ich meinem Chef dafür anbieten, dass er mich künftig rein sachlich kritisiert? *Nutzen*: eine höhere Arbeitsmotivation und das daraus resultierende volle Engagement im Job.

Filtern wir aus den Antworten auf die fünf Fragen die drei zentralen Botschaften heraus, mit der Frau Maier in das Gespräch mit ihrem Vorgesetzten hineingehen wird:

1. *Bedürfnis*: »Ich möchte – bei aller sachlichen Kritik – mit Respekt behandelt werden und brauche Anerkennung für meine Arbeit.«

2. *Nutzen*: »Die persönliche Kritik demotiviert mich. Ein respektvolles Miteinander wiederum motiviert mich zu mehr Engagement.«

3. *Bitte*: »Ich bitte Sie darum, Kritik hart und sachlich zu äußern, aber persönliche und verletzende Anspielungen zu vermeiden.«

Zu Beginn dieses Abschnitts haben wir schon einmal vage das Ziel der Mitarbeiterin für das Konfliktgespräch mit ihrem Vorgesetzten formuliert: Verhaltensänderung auf der Basis von Einsicht. Nach der Beantwortung der fünf Fragen der Selbstklärung können wir es präziser fassen: Herr Fröbel soll erkennen, wie sehr er Frau Maier mit seinen persönlichen Diffamierungen verletzt. Er soll einsehen, dass seine Mitarbeiterin ein starkes Bedürfnis hat, mit Respekt behandelt und wertschätzend kritisiert zu werden. Und schließlich soll ihm durch das Gespräch verdeutlicht werden, dass auch er selbst von einem respektvolleren Umgang in Form einer höheren Arbeitsmotivation seiner Mitarbeiterin profitiert.

> Das Einsichtsgespräch setzt darauf, dem Vorgesetzten das Ausmaß des Problems und die Dringlichkeit des Mitarbeiterbedürfnisses einsichtig zu machen. Auf der Basis von Respekt gegenüber dem Mitarbeiterbedürfnis und aus Eigen-Nutz soll er sein Verhalten freiwillig ändern.

Dringende Bitte statt Erwartung

Mit der Beantwortung der fünf Fragen der Selbstklärung und der Formulierung der zentralen Botschaften bewegen wir uns im Rahmen des Bekannten – mit den gleichen Fragen haben wir uns auch auf die Konflikte mit Personen vorbereitet, die auf der gleichen Hierarchiestufe mit uns stehen. In diesem Abschnitt jedoch werden wir auf die spezifischen Schwierigkeiten eingehen, die ein Konflikt mit einer vorgesetzten Person mit sich bringt und die bereits im Dialog zwischen der Mitarbeiterin und ihrem Chef offensichtlich wurden. Auf einen Nenner gebracht können wir sagen:

126

Der kommunikative Status einer Mitarbeiterin in einem Konfliktgespräch muss ihrem formalen Status entsprechen. Sie ist ihrem Vorgesetzten untergeordnet. Damit ihre Kritik am Verhalten ihres Vorgesetzten nicht als Angriff auf dessen Führungsposition missverstanden werden kann, sollte sie aus einem leichten Tief-Status heraus mit ihrem Chef kommunizieren.

Dadurch sendet die Mitarbeiterin die heimliche Botschaft an ihren Vorgesetzten: »An meinem kommunikativen Tief-Status erkennen Sie: Ich erkenne Ihre vorgesetzte Position – trotz aller Kritik an Ihrem Verhalten auf der Teamsitzung – vorbehaltlos an. Ihre übergeordnete Stellung stelle ich nicht infrage. Sie sind und bleiben der Chef.«

Im Dialog oben konnten wir erkennen, dass Frau Maier ihren Vorgesetzten von oben herab behandelt hat: Sie hat über seine Zeit verfügt, dessen Verhalten verurteilt und Erwartungen formuliert. Ihr hoher kommunikativer Status entsprach in keiner Weise ihrem formalen Status. Sie hat sich angemaßt, aus einem Vorgesetztenstatus heraus mit ihrem Chef zu kommunizieren, und hat damit – ohne es zu wollen – dessen Führungsposition infrage gestellt:

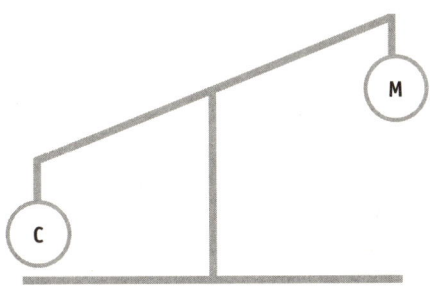

C = Chef, M = Mitarbeiter/Mitarbeiterin (auch im Folgenden)

Die logische Konsequenz: Der Chef schießt zurück und bekräftigt durch die barsche Zurückweisung die Hierarchie. Die heimliche Botschaft der Attacken in Richtung seiner Mitarbeiterin lautet: »Ich bin und bleibe der Chef.«

Um also die Chance dafür zu erhöhen, dass der Vorgesetzte die sachliche Kritik an seinem Umgangston nicht etwa missversteht als Angriff auf seine Führungsposition, sondern diese auch tatsächlich annehmen kann, sollte die Mitarbeiterin im Gespräch mit ihrem Chef einen kommunikativen Status wählen, der ihrem formalen Status entspricht:

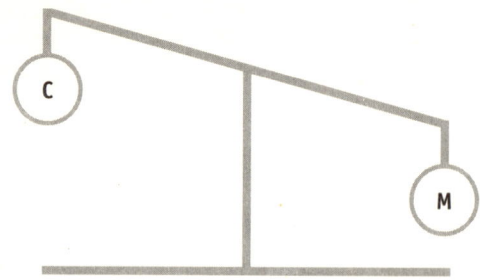

Konkret bedeutet das:

1. Frau Maier sollte Herrn Fröbel um ein Gespräch bitten, statt ein Gespräch zu erwarten.
2. Sie sollte ihm die Verfügung über die Zeit überlassen, indem sie ihn fragt, wann er für dieses Gespräch Zeit hat.
3. Sie sollte ihrem Chef im Laufe des Gesprächs immer wieder deutlich machen, dass sie ihm die inhaltliche Kritik an ihrer Projektverspätung vorbehaltlos zubilligt.
4. Sie sollte ihn darum *bitten*, die notwendige inhaltliche Kritik frei von persönlichen Angriffen zu gestalten.

Auf einen Nenner gebracht kann man der Mitarbeiterin nur empfehlen, in das Gespräch mit ihrem Chef mit einer dringenden Bitte statt einer Erwartung hineinzugehen.

Hinein ins Gespräch

Genug der Vorbereitung. Jetzt schauen wir uns an, wie das Konfliktgespräch mit einem führungsunsicheren Vorgesetzten aussehen kann. Der kommunikative Status der Mitarbeiterin wird darin ihrem formalen Status entsprechen – sie wird also einen taktischen Tief-Status einnehmen und eine dringende Bitte an ihren Chef herantragen:

»Herr Fröbel, wann hätten Sie einen Moment Zeit für mich? Ich habe nämlich ein Problem, das mir sehr am Herzen liegt und das ich gerne mit Ihnen besprechen möchte.«

»Ich habe gleich noch einen Termin. Aber wenn es nicht zu lange dauert, können wir es sofort machen.«

»Ich denke, es dauert nur ein paar Minuten.«

»Dann schießen Sie mal los. Worum handelt es sich?«

»Es geht um die letzte Teamsitzung. Da steckt mir immer noch ein dicker Kloß im Hals.«

»Das habe ich mir schon gedacht. Nun nehmen Sie das mal nicht so schwer.«

»Habe ich versucht. Aber es gelingt mir nicht. Was natürlich völlig klar ist: Ihre Kritik an meiner Verzögerung ist absolut gerechtfertigt und notwendig. Ich weiß, wie viel von meinem Projekt abhängt und …«

»Das kenne ich von Ihnen ja auch gar nicht. Unpünktlichkeit ist nicht Ihr Stil.«

»Deswegen haben mich Ihre Formulierungen ja auch so irritiert. Sie haben gesagt, dass ich die Arbeit nicht erfunden hätte, und Sie haben meine Kinder mit ins Spiel gebracht. Und diese Äußerungen vor dem gesamten Team haben mir komplett die Sprache verschlagen. Das war wie ein Keulenschlag.«

»Sie kennen mich doch lange genug, um zu wissen, dass Sie nicht jedes Wort von mir auf die Goldwaage legen müssen.«

»Deswegen habe ich ja auch lange gezögert, ob ich das überhaupt ansprechen soll. Aber mir ist das einfach sehr wichtig: Ich arbeite viel und gerne. Und dafür brauche ich Anerkennung – gerade auch von Ihnen, denn ich schätze Sie als Vorgesetzten sehr. Ihre sachliche Kritik an meiner Verzögerung ist absolut notwendig. Aber ich habe eine Bitte: Bei aller sachlichen Härte und Deutlichkeit hätte ich gerne eine respektvolle Kritik, die sich an den Fakten und Inhalten orientiert.«

»Na ja, so schlimm war das ja auch wieder nicht. Sie kennen doch meine Ironie.«

»Natürlich, aber das ist eine empfindliche Stelle bei mir. Mit Störungen, Tiefschlägen und schwelenden Konflikten kann ich schwer umgehen. Das lähmt mich kolossal. Wenn das Miteinander stimmt, kann ich mich richtig reinhängen. Und das ist, denke ich, ja auch in Ihrem Interesse.«

»Natürlich! Aber Sie wissen doch, dass ich Sie respektiere. Ich bitte Sie, Frau Maier. Nun übertreiben Sie nicht.«

»Nach der Teamsitzung habe ich lange gebraucht, um mich wieder zu sortieren, gerade weil ich das nicht erwartet hatte.«

»Herrgott, man kann doch nicht jedes Wort dreimal hin- und herwälzen, bevor man was sagt. Was verlangen Sie?«

»Ich bitte Sie um Anerkennung und Respekt in Form von sachlicher Kritik. Und wenn dann doch mal eine persönliche Kritik rausrutscht, dass Sie das anschließend wieder zurechtrücken.«

»Meine Güte, Sie sind aber empfindlich. Was ist los mit Ihnen? Muss ich mir Sorgen machen?«

»Überhaupt nicht. Aber Sie sind schließlich mein Chef – und Ihre grundsätzliche Anerkennung und Ihr Respekt zählen für mich.«

»Ja, ist ja schon gut. Es soll nicht wieder vorkommen.«

»Vielen Dank für Ihr Verständnis, Herr Fröbel.«

»Gern geschehen. So, aber jetzt muss ich los.«

Ziel erreicht! Der Vorgesetzte hat der Bitte seiner Mitarbeiterin nach zähem Ringen stattgegeben. Wahrscheinlich wird er in künftigen Teamsitzungen seine mögliche Kritik an Frau Maier vorsichtiger gestalten und ihr damit den Respekt zollen, um den sie ihn gebeten hat. Für unseren Zusammenhang ist es wichtig, zu analysieren, mit welchen konkreten Mitteln die Mitarbeiterin – im Gegensatz zum ersten Durchgang – ihr Ziel erreicht hat. Schauen wir uns zunächst die kommunikative Statusebene des Konflikts an:

1. Senkung des eigenen Status

Die Mitarbeiterin hat ihren eigenen kommunikativen Status durch ein paar geschickte Formulierungen unter den ihres Chefs gesenkt: Sie hat um ein Gespräch gebeten, hat von Problemen, einem Kloß im Hals und von einem Loch gesprochen, in das sie gefallen ist. Und gegen Ende des Gesprächs äußert sie mehrfach die Bitte um eine sachliche, aber nicht verletzende Kritik.

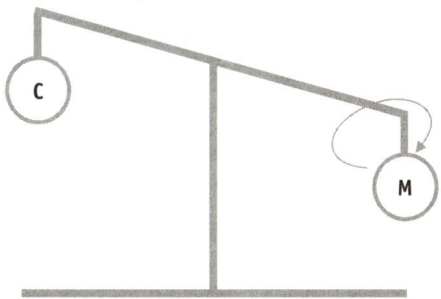

2. Hebung des Status des Vorgesetzten

Eine zweite kommunikative Statusveränderung hat Frau Maier dadurch vorgenommen, dass sie den Status des Vorgesetzten mehrfach angehoben hat: Sie hat die Notwendigkeit von sachlicher Kritik betont; sie hat geäußert, wie sehr sie ihren Vorgesetzten schätzt und wie wichtig ihr seine Meinung und Rückmeldung ist. Und sie hat seine Redeunterbrechungen widerstandslos akzeptiert.

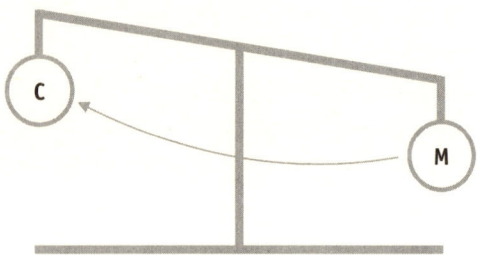

Mithilfe dieser doppelten Statusveränderung ist es der Mitarbeiterin gelungen, auf der Hierarchieebene ihrem Vorgesetzten die heimliche Botschaft zu senden: »Bei aller Kritik an Ihrem Verhalten auf der letzten Teamsitzung: Ich erkenne Ihre Position als Chef ausdrücklich an.« Für Herrn Fröbel bestand demnach keinerlei Veranlassung, die Kritik seiner Mitarbeiterin misszuverstehen als Angriff auf seine Führungsposition. Dazu waren ihre Statussignale des »Ich bin Ihre Mitarbeiterin – und Sie sind der Chef!« zu deutlich. Gleichzeitig hat die Mitarbeiterin mithilfe ihrer Beharrlichkeit dem Chef das deutliche Signal gegeben: »Ich bin bereit, für meine Anliegen zu kämpfen.« Mit anderen Worten: Ihren taktischen Tief-Status hat sie kompensiert durch ein selbstgewisses und durchsetzungsfähiges Verhalten.

Die selbstsichere Vorgehensweise der Mitarbeiterin wird dem Chef – bei allem Tief-Status – Respekt einflößen. Sie erscheint unter dem Strich nicht als Bittstellerin, sondern als durchaus selbstbewusste Frau, die für ihre Interessen einzutreten vermag. Denn immer wieder hat es die Mitarbeiterin in dem Konflikt verstanden, ihr legitimes Bedürfnis nach

Respekt und ihre Bitte nach einer rein sachlichen Kritik zum Ausdruck zu bringen. Die Attacken ihres Chefs (»Man kann doch nicht jedes Wort dreimal hin- und herwälzen«, »Sie sind aber empfindlich«) hat sie, so wie wir es schon aus den letzten Kapiteln kennen, überhört und anschließend geschickt unterlaufen durch die erneute Formulierung ihres Bedürfnisses nach Anerkennung und Respekt.

Wir möchten abschließend noch betonen, dass wir den taktischen Tief-Status für ein Konfliktgespräch mit einer vorgesetzten Person nur dann für notwendig erachten, wenn diese führungsunsicher ist und sich daher in ihrer übergeordneten Position schnell angegriffen fühlt.

Bei souveränen Chefs ist die Gefahr deutlich geringer, dass diese sich durch einen nicht kongruenten Status ihres Mitarbeiters oder ihrer Mitarbeiterin herausgefordert und angegriffen fühlen. Bei ihnen können Sie sich die Gedanken um die angemessene Wahl Ihres kommunikativen Status getrost sparen – es reicht, sich über die Bedürfnisse, Wünsche und den Nutzen klar zu werden.

Was ist, wenn nicht?

Natürlich gibt es keine Garantie dafür, dass der Vorgesetzte der dringenden Bitte seiner Mitarbeiterin nachkommen und seinen Umgangston ändern wird. Und wir können auch nicht gewährleisten, dass ein führungsunsicherer Chef in einem Kritikgespräch trotz des taktischen Tief-Status des Mitarbeiters nicht ausfallend wird. Also ist die Frage berechtigt: Was ist, wenn die vorgesetzte Person der dringenden Bitte des Mitarbeiters nicht nachkommen sollte?

Kehren wir zur Beantwortung dieser Frage zu unserem konkreten Beispiel zurück und nehmen wir an, dass sich einige Wochen nach dem Konfliktgespräch der Vorfall wiederholt und Herr Fröbel seine Mitarbeiterin Frau Maier in einer Teamsitzung unsachlich kritisiert. Das erste Gespräch, das auf die Einsicht des Chefs abzielte, blieb demnach wirkungslos. Ein erneutes Gespräch mit den gleichen Inhalten und einer erneuten dringenden Bitte seitens der Mitarbeiterin an den Vorgesetzten, sich auf sachliche Kritik zu beschränken und die persönlichen Verletzungen zu unterlassen, wäre vermutlich aussichtslos. Denn welche neuen Erkenntnisse und Einsichten sollte Herr Fröbel in einem zweiten Gespräch gewinnen, die nicht schon im ersten Gespräch formuliert worden wären?

Das bedeutet: Der nächste Schritt der Mitarbeiterin wäre der Wechsel von der Einsichts- auf die Druckebene. Für diese Ebene des Drucks sehen wir zwei Optionen:

1. Frau Maier versucht, das verletzende Verhalten des Chefs in der jeweiligen Situation mithilfe einer klaren Grenzziehung spontan zu stoppen.
2. Die Mitarbeiterin führt ein Erwartungsgespräch.

Wir stellen diese beiden Möglichkeiten nun konkret vor.

Stopp! Jetzt reicht's!

Beginnen wir mit dem spontanen Stoppen einer persönlichen Verletzung während einer Teamsitzung:

»Frau Maier, da müssen Sie jetzt mal kurz Ihren Verstand einschalten und noch einmal genau hinhören. Denn offensichtlich waren Sie gerade in Gedanken bei Ihren Kindern und haben nicht mitbekommen, dass …«

»Herr Fröbel, ich habe durchaus zugehört und meinen Verstand eingeschaltet. Aber darum geht es nicht: Ich möchte von Ihnen mit Respekt behandelt und nicht beleidigt werden!«

»Liebe Frau Maier, ich habe Sie doch nicht beleidigt.«

»Doch! Und ich möchte eine respektvolle Auseinandersetzung über diesen Tagesordnungspunkt – auch wenn wir unterschiedlicher inhaltlicher Meinung sind.«

»Sie sind aber mal wieder empfindlich!«

»Richtig, und deswegen möchte ich eine ausschließlich sachliche Auseinandersetzung und keinen persönlichen Unterton.«

»Tja, wenn Sie wünschen. Also dann noch einmal zu den Fakten: Wir haben in den letzten zwei Monaten unsere Absatzzahlen ...«

Frau Maier hat sich darauf beschränkt, ihrem Vorgesetzten eine einzige Botschaft zu kommunizieren: »Stopp – ich möchte respektvoll behandelt werden!« Diese Botschaft hat sie variiert, indem sie immer neue Formulierungen gewählt hat.

Sie werden sich vielleicht fragen, warum wir diesen Weg des Stoppens eines Vorgesetztenverhaltens als druckvoll bezeichnen. Zum einen, weil Frau Maier sich eines Status bedient, der nicht ihrem formalen Status einer untergeordneten Mitarbeiterin entspricht (Redeunterbrechung, Erwartung formulieren, Schärfe des Tons). Zum anderen findet die Grenzziehung von Frau Maier in der Teamsitzung, also vor mehreren Mitarbeiterinnen und Mitarbeitern, statt. Das öffentliche »Stopp« erhöht den Druck auf den Chef.

> Die Effektivität einer Grenzziehung besteht darin, dass lediglich eine einzige klare Botschaft in Variationen wiederholt wird und abschweifende Diskussionen vermieden werden: »Stopp, hier ist meine Grenze! Akzeptiere sie!« Die Grenzziehung verzichtet auf Erklärungen.

Bei der Grenzziehung soll sich die erwartete Verhaltensänderung nicht auf der Basis von Einsicht, sondern auf der Basis einer diffusen Angst des Vorgesetzten vollziehen: »Bei Frau Maier muss ich aufpassen. So wie die auftritt, meint die es ernst. Die könnte mir gefährlich werden. Und wenn sich die Stimmung im Team gegen mich richtet, kriege ich noch richtig Probleme. Also besser aufpassen, dass mir bei Frau Maier keine Tiefschläge mehr rausrutschen.«

Bei der Grenzziehung ist es notwendig, gegenüber dem Einsichtsgespräch eine Statusveränderung vorzunehmen: Das »Stopp« darf nicht aus einem taktischen Tief-Status heraus kommuniziert werden, sondern verlangt ein energisches und resolutes Auftreten. Denn die heimlich gesendete Botschaft an die grenzverletzende Person lautet: »Sollten Sie einen Schritt weitergehen, werde ich mich zu wehren wissen. Ich bin fest entschlossen, für mein Anliegen zu kämpfen.«

> Das Ziel eines energischen »Stopp« ist es, bei der grenzverletzenden Person eine diffuse Angst vor weiteren Schritten der grenzsichernden Person zu erzeugen.

Auch wenn eine scharfe Grenzziehung in vielen Fällen eine sehr effektive Methode sein kann, das Verhalten anderer Menschen zu stoppen, so sollte dieser Weg immer erst dann beschritten werden, wenn der Weg der Einsicht gescheitert ist. Denn Druck erzeugt Gegendruck. Frau Maier muss damit rechnen, dass ihr Vorgesetzter sich für den erfahrenen Druck in irgendeiner Form revanchieren wird. Das ist der Preis, den sie bereit sein muss, für ihre klare Grenzziehung zu zahlen.

Das Erwartungsgespräch

Sollte auch dieser Weg des Stoppens eines Vorgesetztenverhaltens nicht zum Erfolg führen, bleibt noch eine letzte Möglichkeit: Die Mitarbeiterin Frau Maier erhöht den Druck auf ihren Chef und schaltet übergeordnete Instanzen ein. Doch bevor sie diesen Weg beschreitet, sollte sie sich die folgenden drei Fragen genau und ehrlich beantworten:

1. »Habe ich überhaupt Druckmittel in der Hinterhand, die ich gegen meinen Chef ins Feld führen kann? Wenn ja, welche sind es genau (Betriebsrat, Personalrat, Vorgesetzter des Vorgesetzten etc.)?«
2. »Bin ich bereit, den Preis für diese Druckmittel zu zahlen (Beziehungsstörung oder sogar weiter reichende berufliche Nachteile wie zum Beispiel Mobbing)?«
3. »Kann ich mir stattdessen auch vorstellen, mich mit dem Zustand zu arrangieren, dass mein Vorgesetzter von Zeit zu Zeit ausfallend wird?«

An dieser Stelle müssen wir natürlich äußerst vorsichtig sein. Wir maßen uns in keiner Weise an, Ihnen für derartig verfahrene Situationen mit Ihrem Vorgesetzten Ratschläge erteilen zu können, für welchen der vorgeschlagenen Wege Sie sich entscheiden sollten. Sollten Sie sich aber tatsächlich dazu durchringen, den Weg des erhöhten Drucks zu gehen, empfehlen wir, vor dem Instanzenweg ein letztes Erwartungsgespräch mit Ihrem Chef zu führen:

»Herr Fröbel, ich muss noch einmal mit Ihnen sprechen.«

»Worum geht's?«

»Noch einmal um Ihren Umgangston!«

»Nicht schon wieder, für diese Kleinigkeiten habe ich wirklich keine Zeit mehr.«

»Herr Fröbel, für mich sind das keine Kleinigkeiten mehr. Ich habe ein erstes Gespräch mit Ihnen geführt und Sie auf den Teamsitzungen verschiedentlich gebeten, mich mit Respekt zu behandeln. Bisher ergebnislos. Ich habe mich jetzt dazu entschieden, Ihr Verhalten nicht länger zu tolerieren. Ich kann und will mich nicht damit abfinden, immer wieder bloßgestellt zu werden.«

»Jetzt machen Sie mal einen Punkt. Ich kann nichts für Ihre Empfindlichkeiten. Das ist ein ganz normaler Umgangston. Man muss sich auch mal reiben können und kann sich nicht immer nur mit Samthandschuhen anfassen.«

»Herr Fröbel, tut mir leid. An dem Punkt bin ich anderer Meinung. Reibung ja – aber sachlich. Sollten Sie mich weiterhin persönlich angreifen, werde ich weitere Maßnahmen ergreifen.«

»Wollen Sie mir drohen?«

»Nein, ich möchte mit Respekt behandelt werden. Und dazu habe ich auch ein Recht. Und darauf werde ich bestehen.«

»So, jetzt verlassen Sie mein Büro. Sie haben mir genug Zeit gestohlen. Guten Tag, Frau Maier.«

»Guten Tag, Herr Fröbel.«

Ein hartes Wortgefecht mit einer klaren Frau Maier. Ihre Klarheit basierte darauf, dass sie sich in dem Gespräch mit ihrem Vorgesetzten auf die Vermittlung von zwei Botschaften beschränkte: »Ich bestehe auf einem respektvollen Umgangston; sollten Sie dieser Erwartung nicht gerecht werden, werde ich weitere Maßnahmen ergreifen.« Jetzt ist es an Herrn Fröbel, sich dem Druck seiner Mitarbeiterin zu beugen und sein Verhalten zu ändern oder aber die Ebene der Konsequenzen zu wählen.

Die Frage, welche Konsequenz in welchem Falle geeignet sein kann, das grenzverletzende Verhalten eines Vorgesetzten zu beenden, kann in diesem Buch nicht abschließend beantwortet werden, sondern hängt von den jeweiligen konkreten Rahmenbedingungen der Institution ab, in der sich der Konflikt vollzieht. Wir können hier nur noch einmal betonen: Druck erzeugt Gegendruck. Der Weg des Drucks sollte wohlüberlegt sein und nur dann beschritten werden, wenn Ihnen das verletzende Verhalten des Vorgesetzten unerträglich erscheint und Sie bereit sind, dem Gegendruck standzuhalten, bzw. auch die Möglichkeit haben, die Situation verlassen zu können.

Der erste Schritt hin zu einer Verhaltensänderung des Vorgesetzten ist und bleibt das Einsichtsgespräch. Erst nach einem Scheitern dieses Weges sollten Mitarbeiterinnen und Mitarbeiter über mögliche druckvollere Alternativen (»Stopp« oder Konsequenzebene) nachdenken.

Checkliste für die Selbstbehauptung in persönlichen Konflikten

Um einen persönlichen Konflikt zwischen Mitarbeiter und Chef handelt es sich immer dann, wenn es um Fragen des Miteinanders geht: zum Beispiel Mobbing, Beleidigungen, Umgangston, Ignoranz, Grenzverletzungen oder übertriebenes Dominanzverhalten.

1. Schritt: Das Einsichtsgespräch

Das Ziel eines Einsichtsgesprächs besteht darin, eine Verhaltensänderung seitens des Vorgesetzten auf der Basis von Einsicht zu erreichen. Auf dieses Gespräch sollten Sie sich gewissenhaft vorbereiten.

Die fünf Fragen der Selbstklärung

1. *Wünsche*: Was möchte ich von meinem Vorgesetzten? Welche konkrete Verhaltensänderung wünsche ich mir von ihm? Was soll er künftig tun?
2. *Bedürfnisse*: Warum genau möchte ich diese gewünschten Verhaltensänderungen? Was ändert sich bei mir zum Positiven, wenn sich mein Gegenüber so verhält, wie ich es gerne möchte?
3. *Selbstgewissheit*: Stehe ich wirklich – ohne Wenn und Aber – zu diesen Bedürfnissen? Erachte ich meine Bedürfnisse für wichtig – obwohl ich dadurch empfindlich, kleinlich oder engstirnig auf meinen Vorgesetzten wirken könnte?
4. *Vermeidung der Respektfalle*: Welche Beweggründe, die nichts mit mir zu tun haben, mag mein Chef wohl haben, dass er das mich störende Verhalten zeigt?

5. *Nutzen:* Kann ich meinem Vorgesetzten einen Nutzen – außer der Verbesserung unserer (durch den schwelenden Konflikt getrübten) Beziehung – dafür anbieten, dass er sein Verhalten gemäß meiner Wünsche ändert? Wenn ja, welcher Nutzen ist es?

Filtern Sie aus den Antworten auf die Fragen der Selbstklärung Ihre zentralen Botschaften heraus. Formulieren Sie diese Botschaften möglichst mit knappen Sätzen schriftlich.

Die zentralen Botschaften

1. Meine wichtigsten *Bedürfnisse* in dem Konflikt sind: …
2. Meine *Wünsche*, die ich an den Konfliktpartner herantragen werde, lauten: …
3. Meine *Nutzen*-Argumentation lautet gegebenenfalls: …

Falls Sie das Gefühl haben, Ihre Chefin oder Ihr Chef kann – aus welchem Grund auch immer – mit Kritik schlecht umgehen, dann wählen Sie für das Konfliktgespräch einen leichten taktischen Tief-Status. Dadurch kommunizieren Sie Ihrem Vorgesetzten sehr subtil die Anerkennung seiner Führungsposition. Sie erhöhen damit die Chancen, dass Sie Ihr Konfliktziel erreichen.

Der taktische Tief-Status

Bitten Sie um ein Gespräch. Lassen Sie Ihren Vorgesetzten den Zeitpunkt auswählen. Vermeiden Sie Urteile. Akzeptieren Sie Redeunterbrechungen seitens Ihres Chefs. Reagieren Sie nicht auf Entwertungen. Wertschätzen Sie Ihren Vorgesetzten.

Aber: Bleiben Sie standhaft bei Ihren legitimen Bedürfnissen und Wünschen. Machen Sie sich nicht klein, sondern lediglich etwas kleiner als Ihr Vorgesetzter.

Formulieren Sie dringende Bitten statt Erwartungen.

2. Schritt: Was ist, wenn nicht?

Sollte sich in der Folgezeit des Einsichtsgesprächs herausstellen, dass Ihr Vorgesetzter sein Verhalten nicht ändert, klären Sie für sich, welchen weiteren Weg Sie einschlagen wollen. Ihnen bleiben zwei Optionen:

Wie weiter?

Konfrontation: Bin ich bereit, den Druck auf meinen Vorgesetzten zu erhöhen, um dadurch eine Verhaltensänderung zu erzielen? Bin ich gewillt, gegebenenfalls auch den Preis einer durch Druck erzwungenen Lösung zu bezahlen: Gegendruck seitens des Chefs in Form von Beziehungsstörung, blöden Bemerkungen, Mobbing etc.?

Akzeptanz: Oder aber kann und will ich mich mit der unliebsamen Situation so arrangieren, dass ich halbwegs gut damit leben kann?

3. Schritt: Konfrontation

Sollten Sie sich nach reiflicher Überlegung dazu entschieden haben, den Weg des Drucks zu gehen, um das übergriffige Verhalten Ihres Chefs zu beenden, bleiben Ihnen zwei Optionen.

Der erste Schritt der Konfrontation ist das spontane Stoppen des Sie störenden Verhaltens Ihres Vorgesetzten in der Situation selbst. Sie führen also kein Gespräch, sondern reagieren unmittelbar auf die Übergriffe in Form einer unmissverständlichen Grenzziehung:

»Stopp – jetzt reicht's!«

Eine Grenzziehung erfolgt in der Regel kurz, knapp und begründungslos. Senden Sie nicht mehr als eine einzige Bot-

schaft. Legen Sie sich diese Botschaft bereits vor der Grenzziehung zurecht, indem Sie sie vorformulieren und aufschreiben.

Beschränken Sie sich darauf, diese Botschaft bei Bedarf
wie bei einer kaputten Schallplatte zu wiederholen. Verzichten Sie auf weitere Begründungen oder Erklärungen, denn
diese haben Sie Ihrem Vorgesetzten bereits im Einsichtsgespräch kommuniziert.

Eine Grenzziehung ist in der Regel nicht freundlich,
sondern energisch oder sogar scharf (= dosierter Hoch-Status).

Eine Grenzziehung kommuniziert die heimliche (=
nicht verbalisierte) Botschaft: »Sollten Sie Ihr Verhalten nicht
ändern, werde ich mir weitere Schritte vorbehalten!«

Eine Grenzziehung verfolgt das Ziel, dem Vorgesetzten
Respekt einzuflößen und ihn dadurch von weiteren Grenzverletzungen abzuhalten.

Sollten Ihre Grenzziehungen erfolglos sein, bleibt Ihnen
immer noch die Möglichkeit, sich mit dem übergriffigen Verhalten Ihres Vorgesetzten zu arrangieren oder aber den Druck
zu erhöhen, indem Sie den Instanzenweg beschreiten. Für
diesen Fall empfehlen wir Ihnen die folgende Vorgehensweise:

Der Weg der Konsequenzen

Beantworten Sie sich zunächst die Frage, welche konkreten
Mittel Ihnen überhaupt zur Verfügung stehen, um den Druck
auf Ihren Vorgesetzten zu erhöhen: Vorgesetzter des Vorgesetzten, Betriebsrat, Personalrat, Gewerkschaft etc.

Bevor Sie diese Instanzen einschalten, führen Sie ein
letztes Gespräch mit Ihrem Vorgesetzten. Formulieren Sie dabei Ihre Erwartung (nicht Bitte!) an den Chef. Und kündigen
Sie für den Fall der Nichterfüllung Ihrer Erwartung den konkreten Instanzenweg an.

Sachliche Konflikte

Nach einer persönlichen Auseinandersetzung um die Frage des respektvollen Umgangs miteinander stellen wir jetzt einen Konflikt zwischen einem Mitarbeiter und seinem Vorgesetzten vor, in dem es um fachlich-sachliche Belange geht.

Dem Außendienstmitarbeiter Herrn Locke, der für einen großen Fahrradhersteller arbeitet, ist von seinem Gebietsleiter ein Projekt zur Abwicklung übertragen worden, das sich als nahezu undurchführbar erweist: Der Außendienstler soll in seinem Gebiet innerhalb von sechs Wochen die wichtigsten Händler besuchen, ihnen das neue Elektrofahrrad präsentieren und es natürlich nach Möglichkeit auch verkaufen. Doch schon nach wenigen Tagen stellt sich für Herrn Locke heraus, dass der vorgegebene zeitliche Rahmen zu eng gesteckt ist: Die Fahrradhändler stehen dem neuen Elektrobike äußerst skeptisch gegenüber, was dazu führt, dass sich vor Ort ein viel größerer Beratungsbedarf ergibt, als ursprünglich angenommen. Die kalkulierte Grundlage von etwa eineinhalb Stunden Beratung pro Händler erweist sich als absolut illusorisch. Bei fast allen Händlern muss der Außendienstler im Durchschnitt etwa zweieinhalb Stunden für Beratung, Präsentation, Probefahrt und Verkaufsgespräch veranschlagen. Die verlängerten Beratungszeiten gehen im Moment auf Kosten der Freizeit des Außendienstlers. Denn um sein Soll (sechs Wochen) zu erfüllen, arbeitet er zurzeit bis 20:00 Uhr.

Um einerseits wieder mehr Zeit für die Familie zu haben und andererseits seine Händler umfassend beraten zu können, will der Außendienstler seinen Gebietsleiter Herrn Löwitsch um eine Fristverlängerung für den Besuch der umsatzstärksten A-Händler bitten. Für die Abwicklung des Projekts veranschlagt Herr Locke nach seinen Erfahrungen vor Ort mindestens zehn Wochen – vereinbart waren aber nur sechs.

Der Außendienstler weiß, dass ein Gespräch mit dem Gebietsleiter nicht immer einfach ist. Denn dieser ist noch neu in seinem Job und möchte sich vor den »alten Außendienst-Hasen« noch als Chef profilieren. Darüber hinaus ist der Gebietsleiter jünger als die meisten Außendienstler, was zusätzlich zu seiner latenten Führungsunsicherheit beiträgt.

Die gedankliche Vorbereitung

Beginnen wir mit der gedanklichen Vorbereitung auf das Konfliktgespräch. Im Gegensatz zu dem Konflikt um persönliche Umgangsformen aus dem letzten Kapitel handelt es sich bei diesem Beispiel um eine klar fachliche Auseinandersetzung: Der Außendienstler möchte die Zielvorgabe seines Gebietsleiters verändern, und dazu braucht er dessen Einwilligung. Folglich ändert sich auch der Fragenkatalog in einem wichtigen Punkt: Statt den Schwerpunkt seiner Argumentation auf die Vermittlung seiner persönlichen Bedürfnisse zu legen, sollte Herr Locke in diesem Gespräch stärker auf die Unternehmensbedürfnisse eingehen. Er muss den Nutzen einer Fristverlängerung für das Unternehmen und für den Gebietsleiter in das Zentrum des Konfliktgesprächs rücken. Dafür benötigt er eine sachliche Argumentationskette mit möglichst konkreten Zahlen und Fakten. Die fünf Fragen der Selbstklärung bei fachlichen Konflikten unterscheiden sich daher von den Fragen der Selbstklärung bei persönlichen Konflikten.

Die fünf Fragen der Selbstklärung

1. Frage: »Was will ich von meinem Gebietsleiter?« *Bitte:* »Ich möchte eine Fristverlängerung von mindestens vier Wo-

chen bewilligt bekommen, um alle meine umsatzstärksten A-Händler besuchen und ihnen die Elektroräder verkaufen zu können.«

2. Frage: »Was habe ich davon, wenn ich die Zusage für eine Fristverlängerung von ihm bekomme?« *Persönliche Bedürfnisse*: »Ich möchte wieder mehr Zeit für meine Familie haben, denn im Moment bin ich erst gegen 22:00 Uhr zu Hause.«

3. Frage: »Welchen Nutzen hat das Unternehmen, wenn ich eine Fristverlängerung bekomme?« *Nutzen für das Unternehmen*: »Eine Fristverlängerung führt dazu, dass ich mir für jeden Händler ausreichend Beratungszeit nehmen kann. Das führt zu besseren Abschlüssen, denn die Händler sind zwar skeptisch, kaufen aber schließlich doch, wenn ich sie in Ruhe berate und sie auch Probefahrten mit den Elektrofahrrädern machen lasse. Das Unternehmen macht also unter dem Strich mit einer Fristverlängerung mehr Gewinn durch erhöhten Absatz der E-Bikes.«

4. Frage: »Welchen Nutzen hat der Gebietsleiter von einer Fristverlängerung?« *Nutzen für den Gebietsleiter*: »Die überdurchschnittlich hohen Absatzzahlen von E-Bikes in seinem Gebiet geben dem jungen und neuen Gebietsleiter die Möglichkeit, sich im Unternehmen zu profilieren.«

5. Frage: »Welche Zahlen kann ich dem Vorgesetzten nennen, die meine Nutzen-Argumentation abstützen?« *Zahlen und Fakten*: »Bei der vereinbarten Beratungszeit von eineinhalb Stunden kaufen nur ca. 25 Prozent der besuchten Händler die Fahrräder; bei einer zweieinhalbstündigen Beratung dagegen kaufen wegen der Probefahrt fast 80 Prozent der Händler. Die Abschlussquote verdreifacht sich. Und jeder Händler kauft durchschnittlich zehn Elektrofahrräder.«

So weit die Vorbereitung von Herrn Locke auf das Konfliktgespräch mit seinem Gebietsleiter. Jetzt sollte er noch seine wichtigsten Argumente aus den Antworten herausfiltern:

1. Die zusätzlich investierte Zeit pro Beratung durch Fristverlängerung lohnt sich für das Unternehmen: Die Zahl der Abschlüsse steigt drastisch an. Die Fristverlängerung und die dadurch bedingten Lohnkosten amortisieren sich.
2. Der Gebietsleiter kann sich innerhalb des Unternehmens mit guten Absatzzahlen für ein neues Produkt profilieren.
3. Eine Fristverlängerung von vier Wochen ist also eine gute Investition für alle Beteiligten.

Wie Sie erkennen können, sind in der Aufzählung der wichtigsten Botschaften die persönlichen Bedürfnisse des Außendienstlers nach mehr Freizeit und mehr Provision ausgespart worden. Denn der Gebietsleiter ist nicht nur neu im Unternehmen, sondern gilt als Workaholic und arbeitet etwa zwölf Stunden pro Tag. Für das Bedürfnis nach mehr Freizeit seines Mitarbeiters wird er daher kaum Verständnis aufbringen. Und auch die Höhe der Provision des Außendienstlers ist für Herrn Löwitsch von nur geringem Interesse. Außerdem gilt der Gebietsleiter als ein sehr sachlich orientierter Mensch, der für die persönlichen Belange seiner Mitarbeiter nur ein begrenztes Interesse zeigt. Aus diesen Gründen hat sich Herr Locke dazu entschlossen, seine persönlichen Bedürfnisse nach mehr Freizeit und Provision gänzlich aus dem Gespräch herauszuhalten. Der Mitarbeiter wird also die doppelte Nutzen-Argumentation mit konkreten Zahlen und Fakten untermauern, um den Gebietsleiter zu einer Fristverlängerung zu bewegen: mehr Gewinn für das Unternehmen und dadurch Profilierung für den Gebietsleiter.

> Die Entscheidung, ob ein Mitarbeiter seine persönlichen Bedürfnisse in ein Konfliktgespräch integriert, hängt von seiner Einschätzung ab, ob der jeweilige Vorgesetzte ein offenes Ohr für die individuellen Belange seiner Mitarbeiterinnen und Mitarbeiter hat.

Aus den letzten Kapiteln übernehmen wir zwei weitere Bausteine für eine effiziente Gesprächsvorbereitung:

1. Da der Gebietsleiter jung und neu im Unternehmen ist, lässt er gerne »den Chef raushängen«. Für Herrn Locke empfiehlt es sich daher, im anstehenden Gespräch in einen leichten taktischen Tief-Status zu gehen. So vermeidet er, dass der Vorgesetzte den Wunsch nach einer Fristverlängerung als Angriff auf seine Vorgesetztenposition missverstehen könnte.
2. Da der Außendienstler weiß, wie man verhandelt, legt er sich seine Ziele und die entsprechende Verhandlungsstrategie zurecht: Er geht mit dem Maximalziel einer Fristverlängerung von fünf Wochen in die Verhandlung. Sein Minimalziel lautet drei Wochen Verlängerung. Sollte dieses Ziel nicht erreicht werden, wäre Herr Locke sogar bereit, den Konflikt mit dem Gebietsleiter abzubrechen und dessen Vorgesetzten – den Vertriebschef – einzuschalten. Das realistische Ziel für die Verhandlung ist eine Fristverlängerung von vier Wochen. Diese Zahl wird der Außendienstler als Joker bei Erstarrung der Fronten aus dem Ärmel ziehen.

Mit dieser Vorbereitung geht er hinein in den Konflikt mit dem Gebietsleiter.

Ich brauche mehr Zeit

Nehmen wir an, dass sich der Außendienstmitarbeiter mit seinem Gebietsleiter zu einem Gespräch über die Verkaufsentwicklung der Elektrobikes verabredet hat und zum vereinbarten Zeitpunkt in dessen Büro erscheint:

»Hallo, Herr Löwitsch. Vielen Dank, dass Sie sich die Zeit genommen haben.«

»Kein Problem. Wie läuft's in Ihrem Gebiet? Was machen die Besuche bei den A-Händlern? Sie sagten am Telefon, es gäbe Probleme.«

»Ja und nein. Die Absatzzahlen für die Elektrofahrräder sind gut. Sogar weit besser als erwartet. Die Händler beißen schon an und ordern gute Stückzahlen. Von daher gibt's keine Probleme.«

»Wo liegt dann das Problem?«

»Was ich einfach falsch eingeschätzt habe: Die meisten Händler sind erst einmal sehr skeptisch gegenüber den E-Bikes. Und diese Skepsis ist deutlich stärker, als ich es vor der Tour erwartet habe. Die Zurückhaltung legt sich erst dann, wenn sie eine Probefahrt gemacht haben und ich anschließend ein langes Gespräch mit ihnen über neue Zielgruppen geführt habe. Im Endeffekt ordern sie – und zwar wie gesagt, besser als erwartet. Aber jetzt komme ich zu dem Problem: Ich brauche im Durchschnitt pro Händler für ein Verkaufsgespräch ca. zweieinhalb Stunden. Und dadurch kann ich die Zielvorgabe von sechs Wochen für die Händlerreise nicht einhalten. Ich benötige etwa 11 Wochen.«

»Moment. Ihre Verkaufszahlen sind deutlich besser als erwartet?«

»Ja, genau. Wenn die Händler eine Probefahrt machen, komme ich auf etwa zweieinhalb Stunden Beratung. Und dann kaufen fast 80 Prozent der Händler. Wenn ich – wie veranschlagt – nur eineinhalb Stunden berate, ist keine Probefahrt drin. Und dann kaufen nur etwa 25 Prozent der Händler. Das bedeutet: Bei einer Beratungszeit von eineinhalb Stunden schaffe ich es, durchschnittlich vier Händler pro Tag zu besuchen. Der Rest ist Zeit für meine An- und Abreise. Von den vier Händlern kaufen nur 25 Prozent. Das macht also etwa zehn Räder pro Tag. Bei einer Beratungszeit von zweieinhalb Stunden schaffe ich durchschnittlich zwei bis drei Händler pro Tag – je nach Lage. Aber immerhin kaufen fast 80 Prozent – macht also etwa 20 Räder pro Tag.«

»Tja, aber elf Wochen sind nicht drin. Dadurch kommt der gesamte weitere Besuchsplan der B-Kunden in Verzug. Und Sie wissen, wie wichtig auch die B-Kunden sind.«

»Ja, natürlich. Aber wenn ich es tatsächlich schaffe, 20 statt nur zehn Elektrofahrräder pro Tag zu verkaufen, dann haben wir die höchsten Absatzzahlen von allen Gebieten. Die E-Bikes sind hier im Unternehmen strategisch sehr hoch gehängt. Sie sollen die sinkenden Absatzzahlen der herkömmlichen Räder kompensieren und gleichzeitig als Türöffner für herkömmliche Räder fungieren. Und wenn wir es in unserem Gebiet mit diesem Produkt schaffen, ganz oben dazustehen, dann profitiere nicht nur ich davon. Geben Sie mir elf Wochen, und ich liefere Ihnen die Absatzzahlen, die Sie für eine gute Bilanz brauchen. «

»Ich könnte Ihnen maximal drei Wochen Verlängerung anbieten. Mehr ist nicht drin.«

»Ich weiß, dass das eine schwierige Entscheidung ist. Aber ich habe mir das genau ausgerechnet: Nur wenn ich die elf Wochen bekomme, kriege ich die Absatzzahlen hin. Die Verlängerung von drei Wochen reicht nicht aus, damit die Händler auf den Rädern Probefahrten machen können. Und ohne Probefahrten ordern die Händler nicht. Die sind bezüglich der Elektroräder absolut reserviert. Bei neun Wochen habe ich drei Wochen zusätzlich, ohne jedoch wirklich deutlich höhere Verkaufszahlen erzielen zu können.«

»Noch mal: Die elf Wochen können Sie sich aus dem Kopf schlagen. Da sehe ich keine Chance. Die B-Kunden dürfen nicht hinten runterfallen. Und da brauchen wir auch nicht mehr drüber zu reden.«

»Okay.« (Pause) »Darf ich Ihnen einen Vorschlag machen?«

150

»Nur zu!«

(Pause und tiefes Durchatmen) »Wenn ich mir die Tour neu zusammenstelle und gut durchplane – und vielleicht auch mal samstags rausfahre –, kriege ich bei einer Frist von zehn Wochen die gesteigerten Absatzzahlen hin. Wären Sie damit einverstanden?«

»Tja, glücklich bin ich damit nicht. Unter einer Bedingung: Sie kriegen anschließend die B-Kunden noch bis zur Radsaison besucht. Dann wäre ich einverstanden.«

»Das müsste klappen.«

Das Gespräch ist ganz im Sinne des Außendienstmitarbeiters gelaufen. Er hat genau das Ergebnis erzielt, das er vor dem Konflikt anvisiert hat. Rekapitulieren wir kurz, mit welchen Mitteln Herr Locke sein Ziel erreicht hat:

Nutzen-Argumentation

Seine eigenen Bedürfnisse nach mehr Freizeit und mehr Provision hat Herr Locke sehr bewusst aus dem Gespräch herausgehalten. Stattdessen hat er den dreifachen Nutzen für das Unternehmen (höherer aktueller Umsatz, Marktdurchdringung mit einem innovativen Produkt, Nachfolgeumsätze) und auch den Nutzen für den Gebietsleiter (Profilierung im Unternehmen) akzentuiert. Untermauert hat der Außendienstler seine Nutzen-Argumentation mit sehr konkreten Zahlen.

Taktischer Tief-Status

Da der Gebietsleiter Herr Löwitsch neu im Unternehmen ist und noch um seine Führungsposition ringt, hat Herr Locke einen leichten taktischen Tief-Status für das Gespräch gewählt. Sein leichter taktischer Tief-Status ist unter anderem daran ablesbar, dass er sich zu Beginn des Gesprächs für die geopferte Zeit seines Gebietsleiters bedankt. Ferner nimmt er die Schuld für die falsche Einschätzung in puncto Offenheit der Händler gegenüber E-Bikes voll auf die eigene Kappe. Dadurch vermeidet er jeden direkten oder indirekten Vorwurf in Richtung Gebietsleiter, die Zielvorgaben nicht realistisch genug eingeschätzt zu haben – obwohl genau das die Aufgabe eines Gebietsleiters ist. Darüber hinaus formuliert der Außendienstler gegenüber seinem Vorgesetzten nicht etwa Erwartungen, sondern Bitten: »Darf ich Ihnen einen Vorschlag machen?« Durch diesen leichten Tief-Status ist es dem Mitarbeiter gelungen, die Machtfrage aus dem Gespräch herauszuhalten und den Akzent auf die Nutzen-Argumentation zu legen.

Verhandlungstechnik

In der Verhandlung der Zeit-Kontingente konnten wir beobachten, dass eine kluge strategische Vorgehensweise zum Ziel führen kann: Herr Locke geht mit seinem Maximalziel von elf Wochen in die Verhandlung hinein. Dieses Ziel kann er auch gegen drei Einwände seines Gebietsleiters souverän behaupten, indem er es immer wieder mit dem mehrfachen Nutzen absichert. Erst als Herr Löwitsch deutlich markiert, dass er keinesfalls gewillt ist, diesem Maximalziel stattzugeben, zieht der Außendienstler (im Tief-Status) seinen Joker: »Wenn ich mir die Tour neu zusammenstelle und gut durchplane – und vielleicht auch mal samstags rausfahre –, kriege ich bei einer Frist von zehn Wochen die gesteigerten Absatzzahlen hin.« Kombiniert wird der Joker erneut mit einem Nutzen: den hohen Absatzzahlen. Auf dieses Verhandlungsangebot seines Außendienstlers geht der Gebietsleiter mit einer kleinen Zusatzvereinbarung schließlich ein. Herr Locke hat sein Ziel, das er sich vor dem Gespräch gesetzt hat, erreicht.

Das Ziel in sachlichen Konflikten ist es stets, die Einsicht des Vorgesetzten dafür zu gewinnen, dass die Änderung der strukturellen Vorgaben sowohl für die jeweilige Institution als auch für den Vorgesetzten selbst von Nutzen ist.

Was ist, wenn nicht?

Aber auch in diesem Kapitel müssen wir der Frage nachgehen, welche Möglichkeiten dem Mitarbeiter bleiben, falls der jeweilige Vorgesetzte trotz guter Nutzen-Argumentation die strukturellen Vorgaben nicht gemäß der Wünsche des Mitarbeiters ändert. Also wieder: Was ist, wenn nicht?

Da wir diese Frage bereits im vorhergehenden Kapitel ausführlich beantwortet haben, können wir uns an dieser Stelle kürzer fassen. Die drei Fragen der Selbstklärung lauten:

1. Kann und will ich mit der Entscheidung des Vorgesetzten, die jeweiligen strukturellen Vorgaben nicht zu ändern, leben?
2. Oder aber ist die Situation für mich derart unerträglich, dass ich den Weg des Drucks gehe und dafür womöglich Gegendruck in Kauf nehme?
3. Welche konkreten Druckmöglichkeiten gibt es gegebenenfalls?

Für die weitere Vorgehensweise unterstellen wir: Der Gebietsleiter Herr Löwitsch war trotz gelungener Nutzen-Argumentation nicht zu einer Fristverlängerung zu bewegen – er blieb bei den veranschlagten sechs Wochen. Der Außendienstmitarbeiter Herr Locke fürchtet einen mehrfachen Schaden:

1. Die E-Bikes verkaufen sich nicht, wenn es bei den einein-halbstündigen Beratungsgesprächen bleibt. Die schlechten Absatzzahlen der E-Bikes belasten das Unternehmen, mit dem sich der Außendienstler stark identifiziert.
2. Der Absatz von normalen Fahrrädern seiner Marke sta-gniert, da es auf dem Markt eine große Konkurrenz an herkömmlichen Rädern gibt. Mit dem E-Bike aber hat der Hersteller ein Produkt geschaffen, das Marktvorteile gegenüber den Mitbewerbern bietet. Die E-Bikes fun-gieren bei den Händlern als Türöffner auch für her-kömmliche Räder. Nach Einschätzung Herrn Lockes stellt der geringere Abverkauf von E-Bikes für sein Un-ternehmen einen großen strategischen Nachteil dar, der sich mittelfristig auch negativ auf die Gesamtbilanz der herkömmlichen Räder auswirken wird.
3. Herr Locke muss entweder intensiver beraten und einen Teil seiner Freizeit opfern oder aber er berät eineinhalb Stunden und bekommt durch den geringen Abverkauf deutlich weniger Provision.

Der Außendienstler kommt also nach reiflicher Überlegung und Abwägung sämtlicher Vor- und Nachteile zum wohl-überlegten Entschluss, die abschlägige Bescheidung seines Wunsches nach Fristverlängerung nicht zu akzeptieren. Er wählt den Weg des Drucks und ist bereit, den Vorgesetzten von Herrn Löwitsch, den Vertriebsleiter, einzuschalten. Be-vor Herr Locke diesen Instanzenweg beschreitet, informiert er seinen Gebietsleiter über seine Absicht – nicht zuletzt auch, um diesem eine letzte Chance zu einer Fristverlänge-rung zu geben:

»Herr Löwitsch, ich möchte mit Ihnen noch einmal kurz über die Besuchszeiten bei den A-Händlern und den Absatz der E-Bikes sprechen.«

»Das haben wir doch alles hinter uns. Wir waren uns doch einig, dass eine Fristverlängerung nicht drin ist.«

»Ja, aber ich hatte Ihnen im letzten Gespräch schon meine Bedenken geäußert. Und die haben sich in den letzten Tagen erneut bestätigt: Bei einer eineinhalbstündigen Beratungszeit sind die Verkaufszahlen der E-Bikes schlecht. Ohne Probefahrt ordern die Händler nicht. Ich brauche die Fristverlängerung, um ordentlich zu verkaufen.«

»Ist nicht machbar. Dann kommen Sie mit dem Besuch der B-Händler in Verzug.«

»Tut mir leid, Herr Löwitsch. Ich kann diese Entscheidung nicht mittragen. Ich denke, dass es für unser Unternehmen erhebliche Nachteile hat, wenn wir die E-Bikes nicht entsprechend verkaufen.«

»Sie kennen doch meinen Standpunkt. Das Thema ist durch.«

»Dann muss ich Ihnen leider sagen, dass ich – sollten Sie bei Ihrer Entscheidung bleiben – Herrn Hensche einschalten muss. Ich sehe zu viele Nachteile für unser Unternehmen, als dass ich nicht den Vertriebsleiter um eine Entscheidung in diesem Punkt bitten würde.«

»Tun Sie, was Sie nicht lassen können. Aber ich glaube nicht, dass Sie damit durchkommen.«

»Bitte verstehen Sie mich nicht falsch: Ich möchte Sie nicht umgehen. Deswegen wäre es mir wichtig, dass wir dieses Gespräch zu dritt führen. Dann kommen alle Fakten auf den Tisch, nicht nur meine.«

»Können wir machen. Am besten, wir gehen direkt rüber, dann haben wir die Sache vom Tisch.«

»Gerne.«

Die Bitte um ein Dreiergespräch war ein geschickter Schachzug des Außendienstlers, durch den er den Druck auf den Gebietsleiter abgemildert hat.

Das Gespräch zwischen dem Vertriebsleiter und den beiden Kontrahenten müssen wir an dieser Stelle nicht detailliert behandeln. Aus der Perspektive des Außendienstmitarbeiters ähnelt es dem Einsichtsgespräch mit dem Gebietsleiter: Herr Locke wird mittels einer geschickten Nutzen-Argumentation versuchen, die Einsicht des Vertriebsleiters zu gewinnen, dass eine Fristverlängerung dem Interesse des Unternehmens dienlich ist, höhere Absatzzahlen sowohl für die E-Bikes selbst als auch mittelfristig für die herkömmlichen Fahrräder zu erzielen. Ohne den Wortlaut dieses Gesprächs zu kennen, wird Herr Locke die Entscheidung des Vertriebsleiters, wie immer sie auch ausfallen mag, vorbehaltlos akzeptieren. Einen weiteren Instanzenweg kann es in dieser Frage für ihn nicht geben.

Aber:

> Der Weg des Drucks sollte nur dann beschritten werden, wenn alle Möglichkeiten, die Einsicht des unmittelbar zuständigen Vorgesetzten zu gewinnen, gescheitert sind. Das zentrale Element für die Durchsetzung eigener Ziele in sachlichen Konflikten mit Vorgesetzten ist und bleibt eine stichfeste doppelte Nutzen-Argumentation: Nutzen für die jeweilige Institution und Nutzen für den jeweiligen Vorgesetzten.

Checkliste für die Selbstbehauptung in sachlichen Konflikten

Unter fachlichen Konflikten zwischen Mitarbeitern und Vorgesetzten verstehen wir unterschiedliche Auffassungen in Bezug auf Zielvorgaben, Arbeitsabläufe, organisatorische Fragen, zeitliche Abläufe oder auch Regelvereinbarungen.

1. Schritt: Das Einsichtsgespräch

Das Ziel eines Einsichtsgesprächs besteht darin, eine Änderung der strukturellen Vorgaben dadurch zu erreichen, dass der Vorgesetzte die Argumente des Mitarbeiters nachvollziehen kann und als sinnvoll erachtet.

Die fünf Fragen der Selbstklärung

1. *Bitte:* Was möchte ich von meinem Vorgesetzten? Welche strukturellen Änderungen soll er konkret vornehmen?
2. *Persönliches Bedürfnis:* Was habe ich davon, wenn der Vorgesetzte meiner Bitte nachkommt? Wie verbessert sich dadurch meine persönliche Situation?
3. *Nutzen für die Institution:* Welchen Nutzen kann ich dem Betrieb, der Abteilung oder dem Team dafür in Aussicht stellen, wenn der Vorgesetzte meiner Bitte entspricht?
4. *Nutzen für den Vorgesetzten:* Welchen Nutzen kann ich dem Vorgesetzten dafür in Aussicht stellen, sollte er meiner Bitte entgegenkommen?
5. *Zahlen:* Mit welchen konkreten Fakten/Zahlen kann ich meine Nutzen-Argumentation untermauern?

Filtern Sie aus den Antworten auf die Fragen der Selbstklärung Ihre zentralen Botschaften heraus. Formulieren Sie diese

Botschaften möglichst mit knappen Sätzen schriftlich. Diese Botschaften dienen Ihnen als sichere Grundlage für den jeweils anstehenden Konflikt. Machen Sie die Entscheidung, ob Sie Ihr persönliches Bedürfnis in das Konfliktgespräch integrieren, von Ihrer Einschätzung des Vorgesetzten abhängig: Hat er ein offenes Ohr für Ihre persönlichen Belange und Bedürfnisse, dann sprechen Sie sie an. Ist die vorgesetzte Person eher sachlich orientiert, halten Sie Ihre persönlichen Bedürfnisse aus dem Konfliktgespräch besser heraus.

Die zentralen Botschaften

1. Der *Nutzen* einer strukturellen Änderung besteht *für die Institution* darin: ...
2. Der *Nutzen für den Vorgesetzten* besteht darin: ...
3. Daher *bitte* ich um folgende konkrete Änderung: ...
4. Mein *individuelles Bedürfnis* lautet: ... (gegebenenfalls aus dem Konflikt heraushalten)

Falls Sie das Gefühl haben, Ihre Chefin oder Ihr Chef kann – aus welchem Grund auch immer – mit Kritik schlecht umgehen, dann wählen Sie für das Konfliktgespräch einen leichten taktischen Tief-Status. Dadurch kommunizieren Sie sehr subtil die Anerkennung der Hierarchie und nehmen diese explosive Ebene aus dem Konflikt heraus.

Bereiten Sie sich darauf vor, dass Sie mit Ihrem Vorgesetzten über Ihre Ziele verhandeln müssen. Definieren Sie daher Ihre Verhandlungsziele:

Verhandlungsziele

1. Definieren Sie Ihr *realistisches Ziel*.
2. Definieren Sie Ihr *Maximalziel*.
3. Definieren Sie Ihr *Minimalziel*.
4. Legen Sie die *Konsequenz* fest, die Sie bei Unterschreitung Ihres Minimalziels ergreifen werden.

Nachdem Sie Ihre Verhandlungsziele definiert haben, vergegenwärtigen Sie sich abschließend noch einmal Ihre strategische Vorgehensweise in dem Konflikt.

Die Verhandlungsstrategie

1. Gehen Sie mit Ihrem *Maximalziel* in eine Verhandlung hinein. An diesem Ziel sollten Sie möglichst lange festhalten und es immer wieder mit Ihrer doppelten Nutzen-Argumentation abstützen.
2. *Inakzeptable Angebote* des Vorgesetzten werden freundlich-bestimmt zurückgewiesen, indem auch hier immer wieder die Nutzen ins Feld geführt werden.
3. Deutet der Vorgesetzte den Abbruch der Verhandlung an, ist Bewegung notwendig. Jetzt erst ist die Zeit reif für die Unterbreitung Ihres *realistischen Angebots*.

2. Schritt: Was ist, wenn nicht?

Sollte sich herausstellen, dass es Ihnen nicht gelingt, Ihren Chef auf der Basis von Einsicht zu der von Ihnen gewünschten strukturellen Änderung zu bewegen, klären Sie für sich, ob Sie bereit sind, den Weg des Drucks zu gehen, oder ob Sie sich mit der gegebenen Vorgabe arrangieren wollen.

Wie weiter?

Druckmöglichkeiten: Sehe ich konkrete Möglichkeiten, eine Änderung der strukturellen Vorgaben dadurch zu erreichen, dass ich übergeordnete Instanzen einschalte und den Druck auf meinen Vorgesetzten erhöhe? Wenn ja, welche Instanz schalte ich ein?

Gegendruck aushalten: Bin ich bereit, den Druck auf meinen Vorgesetzten so zu erhöhen, dass ich auf diese Weise eine Änderung der strukturellen Vorgabe erzielen kann? Bin ich wirklich gewillt, gegebenenfalls auch den Preis einer durch Druck erzwungenen Lösung zu bezahlen: Gegendruck seitens des Chefs in Form von Beziehungsstörung, strukturelle Nachteile auf anderen Ebenen, Mobbing etc.?

Arrangement: Oder aber erachte ich es als ratsamer, mich mit der unliebsamen Situation so zu arrangieren, dass ich halbwegs gut damit leben kann?

3. Schritt: Der Instanzenweg

Sollten Sie sich nach reiflicher Überlegung dazu entschieden haben, den Weg des Drucks zu gehen, empfehlen wir Ihnen folgende Vorgehensweise:

Der Weg der Konsequenzen

Beantworten Sie sich zunächst die Frage, welche konkreten Mittel Ihnen überhaupt zur Verfügung stehen, um den Druck auf Ihren Vorgesetzten zu erhöhen: Vorgesetzter des Vorgesetzten, Personalrat, Gewerkschaft, Betriebsrat etc.

Bevor Sie diese Instanzen einschalten, führen Sie ein letztes Gespräch mit Ihrem Vorgesetzten. Formulieren Sie noch einmal Ihre Wünsche an die vorgesetzte Person und untermauern Sie sie erneut mit Ihrer Nutzen-Argumentation. Kündigen Sie für den Fall der Nichterfüllung den konkreten Instanzenweg an.

Konflikte mit Mitarbeitern

Kritikfähigkeit von Vorgesetzten ist nicht nur die Fähigkeit, mit Kritik von Mitarbeiterinnen und Mitarbeitern konstruktiv umgehen zu können, sondern vor allem auch die Kompetenz, Kritik an Mitarbeiterinnen und Mitarbeitern so äußern zu können, dass diese nicht verletzt oder entwertet werden. Und genau mit dieser so verstandenen Kritikfähigkeit werden wir uns in diesem Kapitel beschäftigen. Denn Konflikte zwischen vor- und nachgesetzten Personen gehören zum alltäglichen Bestandteil der Zusammenarbeit in Behörden, Verwaltungen, Vereinen, Verbänden, Dienstleistungsunternehmen oder kleinen und großen Betrieben. Konflikte bieten die Chance für Entwicklungen. Aber über das *Wie* dieser Konfliktaustragung muss, das beweisen die folgenden Zahlen und Statistiken, vor allem auch aufseiten der Vorgesetzten dringend nachgedacht werden.

1. Nach der bereits oben zitierten Studie des Umfrageinstituts Gallup geben 68 Prozent der Arbeitnehmer an, nur noch Dienst nach Vorschrift zu machen. Weitere 19 Prozent haben bereits die innere Kündigung vollzogen.
2. Nach einer in *Psychologie heute* zitierten Untersuchung fühlen sich rund eine Million deutsche Arbeitnehmer als Mobbingopfer. Die Folgen durch Produktionsausfälle und Fehlzeiten belaufen sich auf 15 Milliarden Euro jährlich.
3. Laut *manager magazin* haben die meisten Führungskräfte »panische Angst, es könnte publik werden, dass sie genau das nicht können: führen.«

Dies ist kein Buch über Führung, aber sehr wohl eins über Konflikte. Und die Nagelprobe für eine gute Führung ist nicht zuletzt eine Krisensituation – also auch ein Konflikt. Daher beleuchten wir in diesem Kapitel verschiedene Auseinandersetzungen zwischen einer Führungskraft und jeweils einer Mitarbeiterin oder einem Mitarbeiter. Die Konflikte finden auf unterschiedlichen Eskalationsstufen statt, je nach Schwere und Häufigkeit des jeweiligen Vorfalls oder Vergehens seitens der nachgesetzten Person.

Wir haben im letzten Kapitel bereits unser Modell des kommunikativen Status vorgestellt. Wir werden es jetzt vervollständigen. Wenn wir also die Konflikte aus der Führungsperspektive heraus betrachten, verlassen wir erneut die Ebene der partnerschaftlichen Kommunikation. Bei allem Wunsch der Mitarbeiterinnen und Mitarbeiter nach einem partnerschaftlichen Führungsstil ihrer Vorgesetzten: Diese haben die Aufgabe, zu führen und zu leiten. Führung und Augenhöhe schließen sich jedoch aus. Führungskräfte sollten daher mit ihren Mitarbeiterinnen und Mitarbeitern in aller Regel aus einem höheren kommunikativen Status heraus kommunizieren. Die Höhe dieses Führungsstatus kann aber von Gespräch zu Gespräch variieren und von den Führungskräften sehr bewusst an ihre jeweiligen Konfliktziele angepasst werden.

Dazu einige Beispiele:

Die Bitte

Ein Abteilungsleiter kommt nach einem anstrengenden Arbeitstag nach Hause, setzt sich auf die Couch und formuliert die folgende Bitte an seine Frau: »Schatz, könntest du mir bitte eine Flasche Bier aus dem Keller holen? Ich bin total kaputt.« Sollte die Frau der Bitte des Mannes nicht nachkommen können oder wollen, so kann sie entgegnen: »Tut mir leid, geht grad nicht. Hol's dir bitte selbst.« An der anschließenden Reaktion des Mannes erst können wir erkennen, ob es sich bei seiner Bitte tatsächlich um eine echte Bitte gehandelt hat oder um eine Erwartung, die er in einer Bitte versteckt hat: »Was musst du denn so Wichtiges tun, dass du mir kein Bier holen kannst? Meine Güte, nach zehn Stunden Arbeit kann ich doch wohl mal für ein paar Minuten auf der Couch liegen ...« Bei dieser Antwort seitens des Mannes wird deutlich, dass es sich bei seinem Wunsch nach Bier nicht um eine echte Bitte gehandelt hat: Die abschlägige Antwort seitens seiner Frau (»geht grad nicht ...«) zieht für sie negative Konsequenzen nach sich: Der Mann macht ihr den versteckten Vorwurf, dass sie seine Erschöpftheit nicht genügend würdigt und stattdessen egoistisch handelt (»Was musst du denn so Wichtiges tun ...«).

Anders wäre der Sachverhalt bei der folgenden Reaktion des Mannes: »Ja, alles klar. Ich geh schon selbst.« Diese Antwort auf die abschlägige Behandlung seiner Bitte ist frei von negativen Konsequenzen für die Frau. In diesem Fall handelte es sich um eine echte Bitte.

Das bedeutet:

> Das Wesensmerkmal einer Bitte ist die prinzipielle Augenhöhe der Kommunikation und eine daraus abgeleitete Freiwilligkeit der gebetenen Person, der Bitte nachzukommen. Freiwilligkeit heißt aber auch, dass die abschlägige Behandlung der Bitte frei von negativen Konsequenzen sein muss.

Aus der ersten Reaktion des Mannes (»Was musst du denn so Wichtiges tun ...«) konnten wir nicht nur ablesen, dass seine Bitte eine versteckte Erwartung war, sondern auch, dass sich innerhalb der Beziehung zwischen ihm und seiner Frau eine Hierarchie etabliert hat: Der berufstätige Mann scheint es gewohnt zu sein, dass er »der Herr im Hause« ist und dort von seiner Haus-Frau auch weitestgehend bedient wird. Das Paar wird wohl kaum eine partnerschaftliche Beziehung führen, zumal der Mann – so wird er argumentieren – »auch das Geld nach Hause bringt.« Und Geld ist bekanntlicherweise Macht!

Die Führungsbitte

Nach diesem Beispiel aus dem privaten Bereich wechseln wir auf die berufliche Ebene und schauen uns an, wie eine Vorgesetzte einen Wunsch an ihre Mitarbeiterin heranträgt:

»Frau Tinkoff, könnten Sie mir bitte eben die Akten holen, die auf meinem Schreibtisch liegen?« Auch wenn die vorgesetzte Person eine Bitte äußert: Streng genommen handelt es sich dabei um eine Erwartung aus der Führungsperspektive heraus. Denn Frau Tinkoff könnte nicht einfach antworten: »Nein, geht nicht. Holen Sie sie bitte selbst.« Diese Entgegnung käme einem Angriff auf die Führungsposition ihrer Vorgesetzten gleich und hätte – würde dieser Vorfall wiederholt auftreten – wahrscheinlich Konsequenzen zur Folge. Frau Tinkoff bräuchte also schon gewichtige Gründe, um die Bitte ihrer Vorgesetzten abzuschlagen: »Tut mir leid, aber es geht gerade nicht. Könnten Sie sie bitte eben selbst holen? Ich habe Herrn Müller am Telefon und es geht um die Stornierung der Lieferung.« Genau genommen hat Frau Tinkoff auch nicht den Wunsch ihrer Vorgesetzten abgeschlagen, sondern diese um Erlaubnis gebeten, den Wunsch abschlagen zu dürfen (»Könnten Sie sie bitte eben selbst holen?«). Auch das verdeutlicht, dass es sich bei der Bitte der Vorgesetzten um eine versteckte Erwartung gehandelt hat.

Das Wesensmerkmal einer Erwartung ist, dass sie aus einer übergeordneten Position heraus gestellt wird. Die angesprochene Person hat drei Möglichkeiten: Sie erfüllt die Erwartung; sie bittet (!) die wartende Person darum, der Erwartung nicht nachkommen zu müssen; sie kommt der Erwartung unerlaubt nicht nach und hat Konsequenzen zu befürchten.

Die Chefin hat eine Erwartung in Form einer Bitte an ihre Mitarbeiterin Frau Tinkoff herangetragen und damit im Grunde Macht verschleiert. Aber wie hätte sich für Frau Tinkoff die Situation dargestellt, hätte die Vorgesetzte eine offene Erwartung statt einer Bitte formuliert: »Frau Tinkoff, holen Sie mir die Akten von meinem Schreibtisch.« Vermutlich hätte sie sich vor den Kopf gestoßen gefühlt. Die offen formulierte Erwartung wäre zwar ehrlich gewesen und entspräche der tatsächlichen Hierarchie, aber sie würde Frau Tinkoff verletzen und demotivieren. Und käme sie häufiger vor, gehörte auch sie zu den Millionen von Mitarbeiterinnen und Mitarbeitern, die den Weg der inneren Kündigung wählen, um mit den permanenten Verletzungen ihrer Vorgesetzten halbwegs leben zu können.

Das weiß auch die Vorgesetzte. Um also unnötige Herabstufungen zu vermeiden, verpackt sie ihre eigentlich legitime Erwartung in eine Bitte. Sie senkt dadurch ihren Status und kommuniziert nahezu auf Augenhöhe mit ihrer Mitarbeiterin Frau Tinkoff:

Der Verzicht auf offene und legitime Machtsignale seitens der Vorgesetzten signalisiert den Mitarbeiterinnen und Mitarbeitern Wertschätzung.

An dieser Stelle stoßen wir auf ein Problem: Wir haben zwar inhaltlich zwischen einer echten Bitte und einer in einer Bitte versteckten Erwartung unterschieden, haben aber für dieses letztgenannte Phänomen noch keine griffige Formulierung gefunden. Wir schlagen daher vor, dass wir zwischen »Bitte« und »Führungsbitte« unterscheiden:

Bitte: Den Begriff der Bitte verwenden wir ausschließlich dann, wenn es sich tatsächlich um eine echte Kommunikation auf Augenhöhe handelt und das Prinzip der freiwilligen Befolgung gilt.

Führungsbitte: Den Begriff der Führungsbitte verwenden wir, wenn es sich um einen Führungsstatus handelt und die vorgesetzte Person ihre Erwartung in Form einer Bitte äußert. Die Führungsbitte ist in unseren Augen daher eine abgeschwächte Erwartung mit einem leicht reduzierten Machtpotenzial.

Die Erwartung

Aber selbstverständlich gibt es auch Situationen im Führungsalltag, in denen es unumgänglich ist, statt eines Wunsches eine klare Erwartung an einen Mitarbeiter heranzutragen: »Herr Kohl, Sie hatten die Aufgabe, den Auftrag bis Dienstag zu bearbeiten und rauszuschicken. Ich habe Sie mehrfach darum gebeten. Jetzt haben wir bereits Donnerstag. Ich erwarte von Ihnen, dass der Brief heute noch rausgeht.«

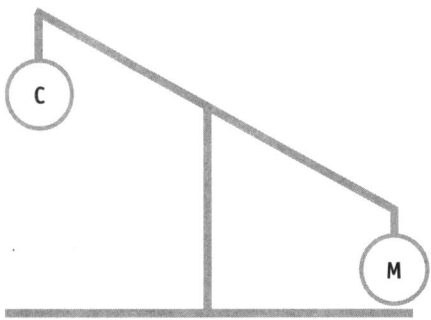

Im Gegensatz zum Beispiel von oben kommuniziert die vorgesetzte Person mit ihrem Mitarbeiter aus einem deutlich höheren Status heraus. Denn offenbar hat dieser die mehrfachen Wünsche seines Vorgesetzten missverstanden als Bitten, die er konsequenzlos abschlagen konnte. Die deutliche Statuserhöhung seitens der Führungskraft ist daher mehr als überfällig und der Situation absolut angemessen – auch wenn (oder gerade weil) der Grad der Wertschätzung des Mitarbeiters mit dem höheren Status des Chefs ab- und das Machtpotenzial zunimmt.

Die Anweisung

Es gibt auch Konfliktkonstellationen zwischen einer vorgesetzten Person und ihrer Mitarbeiterin oder ihrem Mitarbeiter, die einen noch höheren Status erfordern: »Herr Kohl. Wir haben Freitag. Ich hatte Sie klar beauftragt, den Auftrag bis gestern zu bearbeiten. Ich fordere Sie definitiv auf, den Auftrag noch heute rauszuschicken. Ansonsten werte ich das als Arbeitsverweigerung und werde die nötigen Konsequenzen ziehen. Sie haben mich verstanden!«

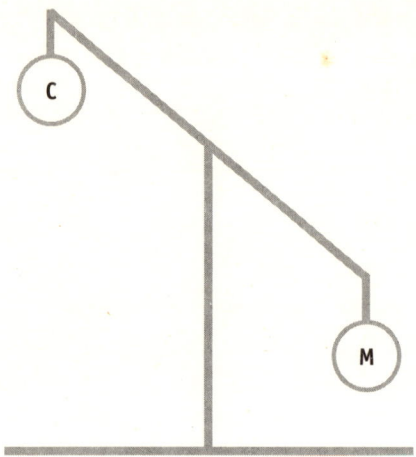

Der Vorgesetzte zeigt seinem Mitarbeiter die Gelbe Karte und droht ihm mit der Roten. Er geht in den kommunikativen Status der Aufforderung bzw. Anweisung und behandelt ihn der Situation absolut angemessen steil von oben herab. Die nächste Steigerung wäre die Ebene der Konsequenzen. Damit wäre die höchste Stufe des kommunikativen Status aufseiten des Vorgesetzten erreicht.

Vorgesetzte stehen vor der schwierigen Situation, ihren kommunikativen Status in einem Konflikt der Schwere des Regelverstoßes oder des Fehlverhaltens ihres Mitarbeiters anzupassen. Konkret bedeutet das: Je schwerer das vermutete Vergehen eines Mitarbeiters, desto höher sollte der kommunikative Status des Vorgesetzten im Konfliktgespräch ausfallen. Und natürlich auch umgekehrt: Ein Gespräch um ein vermutetes leichtes Vergehen sollte mit einem möglichst niedrigen kommunikativen Status seitens des Vorgesetzten geführt werden.

Neben der Schwere eines Regelverstoßes oder eines Vergehens gibt es noch eine weitere Einflussgröße auf die Höhe des vom Vorgesetzten gewählten Status: Wie soll das jeweilige Ziel, nämlich die Verhaltensänderung des Mitarbeiters oder der Mitarbeiterin, im Konfliktgespräch erreicht werden?

1. *Einsicht:* Setzt die vorgesetzte Person darauf, dass der jeweilige Konfliktpartner das gewünschte Verhalten auf der Basis von Einsicht und Selbstverantwortlichkeit zeigt, empfiehlt sich für das Gespräch das Absenken des Führungsstatus auf – nahezu! – Augenhöhe. Diese Statusangleichung begünstigt die Einsichtsfähigkeit des Mitarbeiters.

2. *Druck:* Glaubt die vorgesetzte Person jedoch nicht mehr an die Möglichkeit einer Verhaltensänderung seitens des Mitarbeiters oder der Mitarbeiterin auf der Basis von Einsicht und Selbstverantwortlichkeit, ist ein höherer Status in einem Konfliktgespräch notwendig. In diesem Fall ist es das Ziel des Vorgesetzten, das Gegenüber durch Grenzziehung und Druck zum gewünschten Verhalten zu bewegen. Und je mehr eine vorgesetzte Person auf Verhaltensänderung durch Druck setzt, desto höher sollte deren kommunikativer Status ausfallen.

Fassen wir diese Gedanken noch einmal in einer Grafik zusammen:

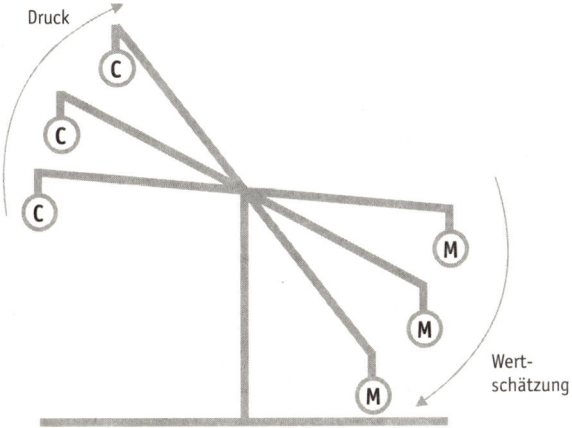

In Abhängigkeit von der Höhe des kommunikativen Führungsstatus gilt:

- Je niedriger der kommunikative Status eines Vorgesetzten (Führungsbitte), desto flacher ist die Hierarchie und desto größer die Wertschätzung.
- Je höher der kommunikative Status eines Vorgesetzten (Erwartung/Aufforderung/Anweisung), desto steiler ist die Hierarchie in der jeweiligen kommunikativen Situation und desto mehr Druck/Macht ist in einer Botschaft enthalten, die an die Mitarbeiterin oder den Mitarbeiter vermittelt wird.

Wenn wir uns gleich verschiedene Konflikte zwischen Führungskräften und Mitarbeiterinnen und Mitarbeitern anschauen, legen wir diesen Situationen immer wieder unser Statusmodell zugrunde. Wir werden darauf achten, dass der kommunikative Status der vorgesetzten Person der jeweiligen Konfliktsituation angemessen ist. Denn in einem falsch gewählten Status liegt ein enormes Verletzungspotenzial.

Dem Dienst nach Vorschrift oder gar der inneren wie äußeren Kündigung von Mitarbeiterinnen und Mitarbeitern gehen in den meisten Fällen vielfache Statusverletzungen seitens der Vorgesetzten voraus.

Das Einsichtsgespräch

Wir stellen in den folgenden Kapiteln unterschiedliche Eskalationsstufen von Konfliktgesprächen vor. Aber wie schon in den vorangegangenen Konflikten gilt auch hier: Das primäre Ziel innerhalb eines Konflikts zwischen Vorgesetzten und Mitarbeiterinnen und Mitarbeitern sollte darin bestehen, eine Lösung für den jeweiligen Konflikt zu finden, die ohne Druck zustande kommt. Das bedeutet: Die Motivation für eine Verhaltensänderung seitens der Mitarbeiterinnen oder Mitarbeiter sollte von innen, also aus ihnen heraus kommen – intrinsische Motivation auf der Basis von Einsicht.

Ziehen wir zur Erläuterung ein Beispiel heran, das jeder von uns kennt: die Verkehrsregeln. Ein Autofahrer, der um die Gefährlichkeit einer überhöhten Geschwindigkeit weiß und aus diesem Grund ein Tempolimit von 30 km/h in Wohngebieten für sinnvoll erachtet, wird sich vermutlich dauerhaft und freiwillig um ein angemessenes Fahrtempo in Tempo-30-Zonen bemühen. Dagegen wird ein Autofahrer, der den Sinn einer Geschwindigkeitsbegrenzung nicht einsieht (»Ich bin ein absolut sicherer Fahrer, ich brauche das nicht!«), nur durch Kontrollen und Androhung von empfindlichen Bußgeldern (= Druck von außen) zu einer moderaten Fahrweise zu bewegen sein. Und noch eine Gefahr besteht, wenn allein Kontrollen und Geldbußen dazu führen, dass ein Autofahrer in Wohngebieten seine Geschwindigkeit begrenzt: Wird er aufgrund überhöhter Geschwindigkeit häufiger zur Kasse gebeten, entsteht bei ihm ein Hass auf »die Abkassierer da oben«.

Auf unser Beispiel der Konflikte zwischen Vorgesetzten und Mitarbeitern übertragen bedeutet das:

Das erste und zugleich wichtigste Gespräch nach einem Fehlverhalten eines Mitarbeiters oder einer Mitarbeiterin sollte das Einsichtsgespräch sein. Allein in diesem Gespräch bietet sich die Chance, den Konfliktpartner davon zu überzeugen, sein Verhalten freiwillig und dauerhaft den jeweiligen Regeln oder Vorgaben anzupassen.

Und nur das Einsichtsgespräch bietet durch die weitgehende Abwesenheit von Druck und Angst die Gewähr dafür, dass die Beziehung zwischen vorgesetzter und nachgesetzter Person keinen Schaden nimmt.

In der Konsequenz bedeutet das aber auch, dass ein idealtypisches Einsichtsgespräch frei von Druck seitens der vorgesetzten Person ablaufen sollte. Denn Einsicht und die daraus resultierende freiwillige Verhaltensänderung lassen sich nicht durch Druck und Macht erzeugen. Also kann man als Führungskraft lediglich darauf hoffen, dass sich aufgrund einer geschickten Argumentation beim Gegenüber eine Einsicht einstellt, die zum gewünschten Verhalten führt.

Die Einsicht des Mitarbeiters oder der Mitarbeiterin kann man gewinnen. Erwarten oder gar anweisen lässt sich Einsicht nicht.

Mangelnde Pünktlichkeit

Wählen wir zur Veranschaulichung dieser Vorüberlegungen ein fiktives Beispiel aus einer Kindertagesstätte:

Eine normalerweise absolut zuverlässige Erzieherin – nennen wir sie Thea – ist in den letzten Wochen mehrfach mit einigen Minuten Verspätung zur Frühschicht erschienen. In der Einrichtung arbeiten immer zwei Erzieherinnen in einer Gruppe. Die zweite Erzieherin in der Gruppe hat die

Verspätungen ihrer Kollegin gedeckt und die ankommenden Kinder allein in Empfang genommen. Im Gegenzug ist Thea häufiger nachmittags länger in der Einrichtung geblieben und hat die Spätschicht entlastet.

Die Regeln in der Einrichtung sind aber klar: Morgens zu Beginn der Frühschicht müssen beide Erzieherinnen einer jeden Kindergruppe pünktlich vor Ort sein, um die ankommenden Kinder gemeinsam in Empfang zu nehmen. Diese institutionelle Regel ist allen Erzieherinnen bekannt.

Da Thea mehrfach gegen diese Regel verstoßen hat, entschließt sich die Leiterin der Einrichtung dazu, mit der verspäteten Erzieherin ein klärendes Gespräch zu führen. Dabei steht für die Vorgesetzte definitiv fest, dass sie in dem Gespräch versuchen wird, die Einsicht der Erzieherin zu gewinnen. Das heißt: Thea soll nicht nur die Gründe für die von ihr erwartete Pünktlichkeit nachvollziehen können, sondern auch den Nutzen dieser Regel für sich selbst erkennen. Auf dieser Basis der doppelten Einsicht soll sie künftig freiwillig und selbstverantwortlich rechtzeitig zum Dienst erscheinen.

In einem Einsichtsgespräch setzt die vorgesetzte Person darauf, dass die Mitarbeiterin oder der Mitarbeiter den Sinn und Nutzen des gewünschten Verhaltens erkennt und sich freiwillig und selbstverantwortlich anpasst – innere Motivation statt Druck von außen.

Die gedankliche Vorbereitung

Da die Durchführung eines Einsichtsgesprächs mit einer gewissenhaften Vorbereitung der vorgesetzten Person steht und fällt, werden wir uns zunächst die Kriterien für eine klare und zugleich respektvolle innere Haltung anschauen. Dafür ist es unerlässlich, dass sich die Führungskraft zunächst ihrer wichtigsten Ziele für das Konfliktgespräch bewusst wird.

Die wichtigsten Ziele des Einsichtsgesprächs

1. Die Erzieherin soll auf der Basis von Einsicht dauerhaft und freiwillig pünktlich zur Frühschicht erscheinen.
2. Die gute Arbeitsmotivation der Erzieherin soll durch den Konflikt keinerlei Schaden nehmen.
3. Das gute kollegiale Verhältnis zwischen der Erzieherin und der Leiterin darf durch das Konfliktgespräch nicht beschädigt werden.

Diese wichtigsten Ziele gilt es im Gespräch zu erreichen. Jetzt stellt sich die Frage nach dem Weg hin zu diesen Zielen. Für die Festlegung der Vorgehensweise ist ein Prozess der Selbstklärung der Leiterin nötig, der sich an den folgenden fünf Fragen orientieren kann:

Die fünf Fragen der Selbstklärung für ein Einsichtsgespräch

1. Frage: »Was sind meine konkreten Führungsbitten an die Mitarbeiterin? Wie soll sie sich verhalten?« *Führungsbitte*: »Ich möchte, dass sie künftig aus innerer Motivation heraus wieder pünktlich zum Dienst erscheint.«

2. Frage: »Warum möchte ich als Kita-Leiterin, dass die Verspätungen nicht mehr vorkommen?« *Institutionelles Bedürfnis 1*: »Falls einmal eine der beiden Erzieherinnen einer Kindergruppe (wegen einer Panne oder aufgrund von Stau) morgens zu spät kommt oder durch Krankheit ausfällt, ist durch die Pflicht zur Pünktlichkeit in jedem Falle gewährleistet, dass die ankommenden Kinder wenigstens von einer Erzieherin empfangen und betreut werden.« *Institutionelles Be-*

174

dürfnis 2: »Außerdem entsteht durch die Verspätungen bei den anderen Kolleginnen der Eindruck: Die Regel der Pünktlichkeit wird nicht ernst genommen. Damit in der Einrichtung die vereinbarten Regeln verbindlich und für alle gelten, darf es keine stillschweigenden Ausnahmen geben.«

3. Frage: »Warum möchte ich als Verantwortliche, dass die Mitarbeiterin pünktlich erscheint?« *Führungsbedürfnis 3*: »Ich brauche die Sicherheit, dass Regeln von allen Mitarbeiterinnen eingehalten werden. Dadurch muss ich weniger kontrollieren und kann den Erzieherinnen mehr Freiräume für eigenständige Entscheidungen im Rahmen der gültigen Regeln gewähren.«

4. Frage: »Welchen Vorteil kann es für die Mitarbeiterin haben, wenn sie sich an die Regel der Pünktlichkeit hält?« *Nutzen 1*: »Wenn ich das Vertrauen habe, dass die gemeinsamen Regeln von allen Mitarbeiterinnen eingehalten werden, kann ich weiterhin die Zügel locker lassen und einen Führungsstil praktizieren, der die Selbstverantwortung der Kolleginnen fördert. Das ist Thea als erfahrener Kollegin besonders wichtig.«

5. Frage: »In welchem zentralen Punkt kann ich meine Mitarbeiterin loben?« *Wertschätzung*: »Meine Mitarbeiterin ist eine durchgängig zuverlässige und engagierte Erzieherin.«

Sie wissen jetzt schon, was auf die Fragen der Selbstklärung folgt: die Ausarbeitung der zentralen Botschaften, mit denen die Führungskraft in den Konflikt mit ihrer Mitarbeiterin hereingehen wird:

Die zentralen Botschaften

1. Die Pflicht zur Pünktlichkeit beider Erzieherinnen einer Gruppe bietet die Gewähr, dass auch in Fällen von unvorhersehbarer Verspätung wenigstens eine Erzieherin vor Ort ist und die Kinder empfängt und betreut.

2. Unpünktlichkeit wirkt als Signal an andere Mitarbeite-rinnen, dass Regeln nicht ernst genommen werden müs-sen. Ich will aber Verbindlichkeit.
3. Als Vorgesetzte brauche ich die Sicherheit, dass geltende Regeln verbindlich und zuverlässig umgesetzt werden, um einen partizipativen Führungsstil praktizieren zu können.
4. Der partizipative Führungsstil nützt auch der Mitarbeite-rin Thea, die als erfahrene Mitarbeiterin gerne eigenstän-dig und selbstverantwortlich arbeitet.

Abschließend legen wir noch kurz die Vorgehensweise der Kita-Leiterin für das Einsichtsgespräch fest:

1. Die Vorgesetzte wird beginnen mit Fragen nach den Hin-tergründen der Verspätungen. Sie will die Hintergründe für das ungewöhnliche Verhalten ihrer Mitarbeiterin ken-nenlernen.
2. Danach wird sie der Mitarbeiterin die Notwendigkeit der Pünktlichkeit deutlich machen. Dafür wird sie ausführli-che Begründungen liefern, denn diese bieten eine wich-tige Basis für die Einsicht der Kollegin.
3. In einer Nutzen-Argumentation wird sie deutlich ma-chen, dass unter dem Strich auch die Mitarbeiterin davon profitiert, wenn sie sich an die Regel der Pünktlichkeit hält.
4. Gleichzeitig wird sie immer wieder die Zuverlässigkeit und das Engagement der Kollegin hervorheben.
5. Und schließlich wird sie ihren Wunsch nach Pünktlich-keit äußern und sich die Zusage der Kollegin einholen.

Bleibt nur noch, die Frage des Führungsstatus für das anste-hende Einsichtsgespräch zu klären: Um die Hintergründe in Erfahrung zu bringen und um die Mitarbeiterin nicht vor den Kopf zu stoßen, wird sie das Gespräch in einem Status führen, der nur leicht über dem der Erzieherin liegt:

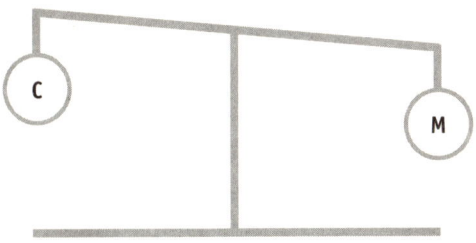

Der bewusst gewählte »partnerschaftliche« Status ist zwingend notwendig für ein Einsichtsgespräch, um die drei wichtigsten Ziele (Einsicht erzielen, Arbeitsmotivation erhalten und die gute Beziehung fördern) nicht durch zu viel Statusdruck von oben zu gefährden.

Hinein ins Gespräch

Die Leiterin der Kita weiß, was sie in dem Konflikt mit ihrer Mitarbeiterin erreichen will, und sie weiß auch, wie sie ihre Ziele in dem Gespräch umsetzen wird. Also sucht sie die Klärung:

»Hallo Thea. Ich würde gerne ein paar Dinge mit dir besprechen. Hast du heute nach 16:00 Uhr kurz Zeit?«
»Klar, worum geht's?«
»Lass uns das später klären, okay?«
»Ja, in Ordnung. Ich komme zu dir ins Büro.«
»Danke, dann bis um vier.«

Die Leiterin hat den Termin nicht einfach festgesetzt, sondern die Kollegin gefragt, ob er ihr passt. Durch diesen Verzicht auf ein legitimes Führungsinstrument, nämlich einen Termin ohne Rücksprache mit der Mitarbeiterin einfach festzulegen, hat sie dieser gegenüber ihre Wertschätzung ausgedrückt. Und wie wir sehen, zieht sich die Betonung der Wertschätzung durch das gesamte folgende Gespräch:

»Thea, schön dass du Zeit hast.« (Erhöhung des Mitarbeiterinstatus) »Setz dich doch bitte. Kaffee?«

»Nein, danke. Mir ist schon klar, worum es geht.«

»Tja, für mich ein schwieriges Thema.« (Eigene Statussenkung) »Denn du bist normalerweise absolut zuverlässig und guckst niemals auf die Uhr, wenn noch Arbeiten anstehen.« (Wertschätzung) »Daher geht es mir vor allem darum, zu wissen, was der Grund für deine kleinen Verspätungen morgens ist. Sind es private Gründe?«

»Ja, schon. Aber ich möchte nicht darüber reden – jedenfalls im Moment noch nicht.«

»Okay. Wenn du an irgendeinem Punkt Hilfe oder Unterstützung brauchst, dann gib mir bitte Bescheid. Ich werde dann sehen, was ich tun kann.« (Erhöhung des Mitarbeiterinstatus)

»Mir wäre es schon Hilfe genug, wenn du wegen der Verspätungen ein Auge zudrückst.«

»Mir ist völlig klar, dass du absolut gewichtige Gründe für deine Verspätungen hast. Und ich weiß auch, dass du die Zeit wieder reinarbeitest.« (Wertschätzung) »Ich habe trotzdem ein riesiges Problem damit.« (Eigene Statussenkung)

»Aber ich habe das mit Claudia abgesprochen. Und sie hat die Situation voll im Griff.«

»Das ist mir klar. Und Claudia ist eine erfahrene Pädagogin. Aber ich kann da unmöglich eine Ausnahme machen, und zwar aus zwei Gründen: Was ist, wenn Claudia im Stau steckt oder ihr Auto nicht anspringt? Wir brauchen die Sicherheit, dass morgens die Gruppen besetzt sind. Und das ist nur gewährleistet, wenn beide Erzieherinnen größtmögliche Pünktlichkeit anstreben. Dann kann bei einer der beiden Personen was Unvorhersehbares passieren, ohne dass die Eltern mit ihren Kindern vor verschlossenen Türen stehen.« (Institutionelles Bedürfnis 1)

»Ja, ich weiß. Aber Claudia wohnt doch nicht weit weg, die kommt doch mit dem Fahrrad. In was für einen Stau soll die denn kommen?«

»Aber gegen Krankheit oder einen Plattfuß am Fahrrad ist auch Claudia nicht gefeit. Und dann haben wir genau die Situation, die auf keinen Fall passieren darf: Die Gruppe ist nicht besetzt, die Kinder werden nicht betreut und die Eltern können nicht zur Arbeit fahren. Du weißt, dass wir das früher einige Male erlebt haben und dass uns das großen Ärger eingehandelt hat. Das darf sich nicht wiederholen.« (Institutionelles Bedürfnis 1)

»Ja, ich weiß.«

»Und außerdem gibt es noch einen zweiten Grund, warum ich auch bei dir, so gerne ich es tun würde« (Erhöhung des Mitarbeiterinstatus), »keine Ausnahme machen kann: Denn natürlich kriegen die anderen Kolleginnen deine Unpünktlichkeiten ebenfalls mit. Und die Botschaft einer Ausnahme an die anderen Kolleginnen lautet: ›Die Vereinbarung der Pünktlichkeit morgens gilt nur bedingt.‹ Ich habe Angst, dass wir dadurch wieder Probleme mit dem Beginn morgens kriegen. Du weißt, wie viel Ärger wir da bei einigen Kolleginnen hatten.«

»Ja, ich weiß. Aber du weißt auch, dass es bei denen einfach was mit Schlendrian zu tun hatte, dass die nicht pünktlich waren. Das kannst du mir ja wohl nicht unterstellen.«

»Absolut nicht. Aber dieser Unterschied in Fragen der Pünktlichkeit ist nicht vermittelbar.«

»Ja, ist ja schon gut. Trotzdem ist das ungerecht.«

»Das weiß ich. Aber es gibt noch einen Grund: Ich brauche als Leiterin einfach das Vertrauen und die Sicherheit, dass unsere Regeln in der Einrichtung verbindlich gelten. Diese Sicherheit nimmt mir die Last, euch kontrollieren zu müssen.« (Führungsbedürfnis) »Und schließlich denke ich, ist das natürlich auch alles in deinem Sinne: Auch du hast morgens weniger Stress, wenn du weißt, dass Claudia in jedem Falle pünktlich da ist. Und wenn ich weiß, dass ihr euch alle ohne Ausnahme an die Hausregeln haltet, dann kann ich euch genau die Freiräume lassen, die ihr euch für eure Arbeit immer wünscht. Und du weißt selbst, wie wichtig das für dich ist: selbstbestimmt zu arbeiten und nicht jeden Schritt mit mir abzustimmen.« (Nutzen-Argumentation) »Aber dafür brauche ich Vertrauen und die Sicherheit, dass die grundlegenden Regeln ohne Wenn und Aber gelten.«

»Meine Güte, ja – aber ich springe ständig ein, wenn es irgendwo brennt. Und jetzt geht es in einer Notsituation um ein paar Minuten, und ich kriege es aufs Butterbrot geschmiert. Das ist einfach unfair. Dann mach ich künftig auch Dienst nach Vorschrift – genau wie viele andere Kolleginnen auch.«

»So gesehen hast du vollkommen recht – das ist in diesem Fall wirklich unfair. Es trifft eine der engagiertesten Kolleginnen. Ich kann deinen Ärger absolut nachvollziehen.« (Wertschätzung) »Aber gerade du mit deinem Wunsch nach selbstständiger Arbeit profitierst am meisten davon, dass ich euch vertraue, statt euch zu kontrollieren. Die Grundlage für deine Freiheiten ist, dass ich das Vertrauen habe, dass unsere grundlegenden Regeln funktionieren. Ich weiß aus anderen Einrichtungen, dass es dort drunter und drüber geht und die Kolleginnen deshalb jedes Projekt zur Genehmigung vorlegen müssen.«

»Ja, das habe ich kapiert. Trotzdem ist es ungerecht.«

»Es trifft in jedem Fall die Falsche, das sehe ich auch so.« (Erhöhung des Mitarbeiterinstatus) »Trotzdem bitte ich dich aus den genannten Gründen darum, morgens wieder pünktlich zu kommen.« (Wunschäußerung)

»Ja, ist ja gut. Werde ich schon irgendwie hinkriegen.«

»Ich merke, dass dir die Zusage nicht leichtfällt. Mir ist absolut klar, dass du gewichtige Gründe für deine kleinen Verspätungen hast. Wenn du an irgendeinem Punkt Hilfe brauchst, sag bitte Bescheid.« (Erhöhung des Mitarbeiterinstatus)

»Hätte ich gebrauchen können, indem du mir die Ausnahme gestattest.«

»So gerne ich es gerade für dich getan hätte: An genau diesem Punkt kann ich dir leider nicht entgegenkommen. In unser aller Interesse.«

»Ja, weiß ich. Trotzdem wäre es gut gewesen.«

»Kann ich dich stattdessen an einem anderen Punkt entlasten?« (Erhöhung des Mitarbeiterinstatus)

»Nein, ist schon gut, Clara. Das spielt sich schon ein.«

»Dann viel Glück. Und vielen Dank für dein Verständnis und für das offene Gespräch.« (Erhöhung des Mitarbeiterinstatus).«

»Tschüss, Clara. Schönen Feierabend.«

»Dir auch.«

Wenn wir den Konflikt zwischen der Leiterin und ihrer Mitarbeiterin noch einmal genau analysieren, fallen vier wichtige Prinzipien auf:

1. *Mittelbare Wertschätzung durch Statusangleichung*: Die Vorgesetzte hat bis kurz vor Ende des Gesprächs einen wertschätzenden Führungsstatus gewählt, indem sie immer wieder den kommunikativen Status ihrer Mitarbeiterin erhöht und ihren eigenen Status gesenkt hat. Dadurch

entstand in dem Konflikt eine *fast* partnerschaftliche Beziehung – der Status der Leiterin war nur leicht höher als der ihrer Kollegin. Die heimliche Botschaft ihres fast partnerschaftlichen Status an die Mitarbeiterin lautet: »Du bist mir so wichtig und nah, dass ich auf jeden distanzierenden Führungsstatus verzichte. Ich will nicht meine Macht ausspielen, sondern das Problem auf partnerschaftliche Art und Weise lösen.«

2. *Unmittelbare Wertschätzung durch Lob*: Die Vorgesetzte hat während des gesamten Gesprächs immer wieder die Zuverlässigkeit und das Engagement der Kollegin hervorgehoben. Dadurch hat sie nicht nur auf eine unmittelbare Art und Weise durchgehende Wertschätzung ausgedrückt, sondern gleichzeitig ihre Kritik an der Verspätung der Mitarbeiterin (= Abwertung) durch Aufwertung kompensiert.

3. *Beharrlichkeit bei den Bedürfnisäußerungen*: Die Leiterin hat während des Konfliktgesprächs immer wieder die Gründe für die erwartete Pünktlichkeit genannt, indem sie die Bedürfnisse der Einrichtung und ihre persönlichen Bedürfnisse als Führungskraft ins Spiel gebracht hat. Mit diesen wiederholten Bedürfnisäußerungen wollte sie die Einsicht der Mitarbeiterin gewinnen.

4. *Nutzen-Argumentation*: In ihrer Nutzen-Argumentation hat die Leiterin der Kita unmittelbar an das zentrale Bedürfnis der Mitarbeiterin angeknüpft, selbstbestimmt arbeiten zu wollen. Damit hat sie ihr eigenes Bedürfnis als Führungskraft nach Vertrauen (= weniger Kontrolle) verbunden mit dem Bedürfnis der Mitarbeiterin nach Selbstständigkeit in der Arbeit. Die Pünktlichkeit der Mitarbeiterin würde demnach eine Win-win-Situation erzeugen, von der beide Konfliktparteien profitieren.

Die Leiterin hat offensichtlich ihre wichtigsten Ziele erreicht: Sie hat die Zusage von Thea für pünktliches Erscheinen bekommen, ohne dass sie Druck ausüben musste. Das Zugeständnis der Erzieherin fiel dieser nicht leicht, aber sie hat es letztlich freiwillig gegeben. Und ihrer überdurchschnittlichen Arbeitsmotivation wird das Konfliktgespräch ebenso wenig Abbruch tun wie dem guten kollegialen Verhältnis zu ihrer Chefin.

Bedürfnisse und Nutzen

Wir haben in diesem Kapitel über die Einsichtsgespräche eine Kategorie aufgegriffen, die wir bereits aus den Kapiteln über Konflikte mit Gleichgestellten und Vorgesetzten kennen: die Nutzen-Argumentation. Wir halten diese Nutzen-Argumentation für ein ganz zentrales Instrumentarium des Einsichtsgesprächs und möchten daher noch etwas näher darauf eingehen.

Die Leiterin der Kita hat ihrer Mitarbeiterin Thea drei unterschiedliche Bedürfnisse genannt, warum die morgendliche Pünktlichkeit notwendig ist:

* *Institutionelles Bedürfnis 1*: Gewährleistung, dass die Kinder morgens von mindestens einer Erzieherin empfangen werden und die Eltern zur Arbeit fahren können;
* *Institutionelles Bedürfnis 2*: Regeln müssen – wegen der Signalwirkung – für alle und zu jeder Zeit gelten;
* *Persönliches Führungsbedürfnis*: Die Leiterin möchte mit Vertrauen statt Kontrolle führen; die verbindliche Einhaltung des Regelwerks gewährleistet dieses Vertrauen.

Natürlich kann die Vorgesetzte darauf hoffen, dass allein die Nennung dieser Bedürfnisse bei einer verantwortungsvollen

Mitarbeiterin wie Thea dazu führt, dass sie die Gründe für die erforderliche Pünktlichkeit einsieht und ihr Verhalten ändert. Aber wenn wir die aufgeführten Bedürfnisse näher betrachten, fällt auf, dass die meisten davon Thea nur mittelbar betreffen: Es geht um die ankommenden Kinder, die bringenden Eltern, um die Botschaft einer Ausnahme an die anderen Kolleginnen und um das Vertrauen der Leiterin in die Mitarbeiterinnen.

> Ob die institutionellen oder auch die Führungsbedürfnisse bei einer Mitarbeiterin oder einem Mitarbeiter zur gewünschten Verhaltensänderung führen, hängt von zwei Faktoren ab: dem Grad der Identifikation mit der Institution und der Qualität der Beziehung zur Führungsperson.

Beide Grundbedingungen scheinen bei Thea gegeben zu sein: Sie identifiziert sich als engagierte Mitarbeiterin sehr mit ihrer Kita und hat ein grundsätzlich gutes Verhältnis zu ihrer Leiterin. Die Bedürfnis-Argumentation der Leiterin ist also durchaus Erfolg versprechend. Und trotzdem führt sie nicht spontan zum gewünschten Erfolg – nämlich dass Thea ihrer Chefin die Zusage für Pünktlichkeit gibt. Das eigene Hemd ist Thea näher als die Hose. Die Bedürfnis-Argumentation stößt bei Thea an Grenzen, die mit der Gewichtigkeit der Gründe für ihre Verspätungen zu tun haben.

Also besteht die Notwendigkeit, diese Grenzen der Einsicht zu erweitern und die Chancen auf eine freiwillige und selbstbestimmte Verhaltensänderung durch eine Nutzen-Argumentation zu erhöhen. Die vierte Frage zur Selbstklärung der Führungskraft vor dem Einsichtsgespräch lautete ja: »Welchen Vorteil kann es für die Mitarbeiterin haben, wenn sie sich an die Regel der Pünktlichkeit hält?«

> Der angebotene Nutzen für eine Verhaltensänderung muss
> für die Mitarbeiterin oder den Mitarbeiter so schwer wiegen,
> dass er den Vorteil aufwiegt, der sich aus dem kritisierten
> Fehlverhalten ergibt. Nur wenn dieser Fall gegeben ist, er-
> folgt die gewünschte Verhaltensänderung des Mitarbeiters
> oder der Mitarbeiterin selbstbestimmt und freiwillig.

Übertragen wir diese Gedankengänge auf unser konkretes
Beispiel in der Kita: Wenn Thea erkennt, dass ihr der Nutzen
einer selbstbestimmten Arbeit ohne Kontrolle, der sich aus
dem Vertrauen der Leiterin in die Zuverlässigkeit der Mitarbeiterinnen ergibt, mehr bringt als ihre Unpünktlichkeit,
wird sie ihr Verhalten freiwillig ändern. Es handelt sich also
um eine ganz klassische Kosten-Nutzen-Rechnung: Was
bringt mir die Pünktlichkeit, was kostet sie mich?

Thea scheint sehr gewichtige Gründe für ihre momen-
tane Unpünktlichkeit zu haben. Das rechtzeitige Erscheinen
zur Frühschicht wird ihr also privat sehr viele Unannehm-
lichkeiten bereiten (= Kosten). Die Mitarbeiterin wird diese
Kosten nur dann in Kauf nehmen, wenn sich daraus für sie
genügend Vorteile (= Nutzen) ergeben. Also gilt es für die
Leiterin der Kita, an genau dieser Kosten-Nutzen-Rechnung
anzusetzen und genügend Nutzen in Theas Waagschale zu
werfen, sodass sie sich zur Nutzenseite hin neigt.

Spielen wir diese Rechnung einfach mal im Kopf
durch: Die Leiterin weiß, dass Thea als langjährige und erfahrene Mitarbeiterin ein ausgeprägtes Bedürfnis nach selbstständiger und eigenverantwortlicher Arbeit hat. Thea braucht
Raum für die Entwicklung und Durchführung von Projekten. Und sie hasst es, diese Projekte immer wieder abstimmen
oder sich gar genehmigen lassen zu müssen. Für Thea ist eigenständige Arbeit nicht zuletzt auch eine Frage des Selbst-
werts. Und genau an diesem schwerwiegenden Bedürfnis
nach selbstständiger Arbeit knüpft die Leiterin mit ihrer zen-

tralen Nutzen-Argumentation an. Allein dieser Nutzen bietet die Chance, dass er bei Thea so schwer ins Gewicht fällt, dass er die Nachteile der Pünktlichkeit aufzuwiegen vermag. Also hat die Leiterin genau diese Nutzen-Argumentation ins Zentrum des Konfliktgesprächs gerückt.

> Das zentrale Element eines Einsichtsgesprächs ist – neben den Bedürfnis-Argumentationen – die Nutzen-Argumentation. Ein Nutzen ist umso schwerwiegender, je stärker er an den Bedürfnissen des Gegenübers anknüpft.

Für die Nutzen-Argumentation ist es demnach unabdingbar, dass wir uns im Vorfeld des Konflikts genaue Gedanken über die Situation des jeweiligen Mitarbeiters machen:

- An welche zentralen Bedürfnisse der Mitarbeiterin oder des Mitarbeiters kann ich in dem Konfliktgespräch mit einer Nutzen-Argumentation anknüpfen?
- Welchen konkreten Nutzen kann ich meinem Gegenüber dafür anbieten, dass er sich künftig gemäß meiner Wünsche verhält?

Die Beantwortung dieser beiden Fragen ist die Grundlage dafür, dass der Konfliktpartner freiwillig und aus innerer Motivation heraus sein Verhalten in die gewünschte Richtung ändert.

> Die Erkenntnis des eigenen Nutzens bildet die Grundlage der Einsicht. Denn wer einsieht, dass die persönlichen Vorteile der Verhaltensänderung die Nachteile überwiegen, wird selbstbestimmt und freiwillig das eigene Tun daran ausrichten.

Wertschätzende Kritik

Die Mitarbeiterin in der Kita kam zwar einige Male zu spät zur Arbeit, aber offensichtlich waren ihre Verspätungen weniger Ausdruck ihres lockeren Umgangs mit Zeit (= innere Gründe), als vielmehr ihren derzeitigen privaten Umständen (= äußere Gründe) geschuldet. Dadurch war es der Kita-Leiterin möglich, die Verspätungen der Kollegin zu kritisieren, ohne allzu große Gefahr zu laufen, dass diese die Kritik an ihrem Verhalten hätte persönlich nehmen können. Die Gründe für die Verspätungen lagen außerhalb von Thea, also konnte diese die Kritik auch an sich herankommen lassen, ohne dass sie sich in ihrem Selbstwert angegriffen sah.

Schwieriger wird es für eine Führungskraft, das Verhalten einer Mitarbeiterin oder eines Mitarbeiters zu kritisieren, wenn dieses eng verknüpft ist mit der Persönlichkeit (= innere Gründe) des jeweiligen Gegenübers. In diesem Falle ist das Risiko hoch, dass die angesprochene Person eine Kritik als Abwertung der gesamten Person seitens der Führungskraft auffasst.

Wir stellen jetzt das Modell der wertschätzenden Kritik vor. Als Grundlage diente uns dabei ein sehr praxistauglicher Ansatz des Kommunikationswissenschaftlers und Psychologen Friedemann Schulz von Thun: das Entwicklungsquadrat. Wir haben dieses Modell in seinen Grundzügen übernommen und an einigen Punkten ein wenig vereinfacht. Um unser vereinfachtes Modell der wertschätzenden Kritik zu erläutern, schauen wir uns einen Konflikt zwischen einer Teamleiterin und ihrem erfahrensten Mitarbeiter an.

Der betreffende Kollege verhält sich auf Teamsitzungen sehr dominant und teilweise sogar arrogant gegenüber den übrigen Teammitgliedern, denen er aber nicht vorgesetzt ist. Dieses »Platzhirsch-Gebaren« äußert er besonders dann, wenn die Vorgesetzte des Teams auf den Sitzungen nicht anwesend ist. Die Dominanz und teilweise auch Arroganz des Mitarbeiters sind Ausdruck seiner Persönlichkeit und Teil seines Charakters. Diesen auch nur in Ansätzen zu kritisieren geht an die Substanz des Kollegen – an seinen Selbstwert. Kritik am Selbstwert vermag aber explosive Situationen zu erzeugen.

Wie also ist es für den Vorgesetzten möglich, die Dominanz und Arroganz des Mitarbeiters zu kritisieren, ohne dass dieser sich in seiner Persönlichkeit angegriffen fühlt und mit massivem Gegendruck antwortet?

Die Ziele eines Kritikgesprächs, in dem es um Fragen der Persönlichkeit des Mitarbeiters oder der Mitarbeiterin geht, sind schnell formuliert:

- Die kritisierte Person soll die Kritik annehmen können, ohne dass sie sich in ihren Grundfesten angegriffen fühlt.
- Die kritisierte Person soll ihr Verhalten aus eigenem Antrieb heraus verändern.

Das zweite Ziel kann nur dann erreicht werden, wenn auch das erste Ziel erreicht wird. Denn wenn sich ein Mitarbeiter in seinem Selbstwert angegriffen fühlt, wird er sich auch gegen die Kritik an seinem Verhalten verschließen. Und genau darum geht es beim Modell der wertschätzenden Kritik: Die kritisierte Person soll durch die Kritik hindurch Wertschätzung statt Abwertung erfahren.

> Das Modell der wertschätzenden Kritikfähigkeit fußt auf der psychologischen Erkenntnis, dass unsere als negativ bewerteten Verhaltensweisen häufig nur übertriebene Ausformungen einer an sich positiven Charaktereigenschaft sind. Diesen positiven Kern gilt es herauszuarbeiten und in einem Kritikgespräch ehrlich wertzuschätzen.

Wir können drei einfache Fragen beantworten, wenn wir durchaus positive Eigenschaften aus negativen Verhaltensweisen herauskristallisieren wollen:

Die drei Fragen zum positiven Kern

1. Frage: Wie kann man – auf ein oder zwei Begriffe gebracht – die negative Eigenschaft des zu kritisierenden Kollegen benennen? *Antwort:* Der Kollege ist dominant und arrogant – er ist ein »Macker«!

2. Frage: Gibt es einen positiven Kern dieser negativen Eigenschaft? Wenn der Mitarbeiter es nicht so übertreiben würde: Welche positiven Charakterzüge lassen sich hinter der Dominanz und Arroganz entdecken? *Antwort:* Der dominante Mitarbeiter ist ein sehr erfahrener und zugleich sehr engagierter Kollege. Immer wieder übernimmt er die Initiative, setzt Impulse und treibt das Team mit seinen Ideen voran. Der Mitarbeiter ist, wenn er es nicht übertreibt, der Antreiber des Teams. Seine Dominanz und Arroganz sind also übertriebene Ausformungen seiner durchaus positiven Eigenschaften des Machens und Antreibens.

3. Frage: Auf welchen einfachen Begriff kann man die positiven Eigenschaften bringen? *Antwort:* Etwas vereinfacht könnte man sagen: Der »Macker« hat einen positiven Kern: Er ist der Macher!

Spielen wir dieses Verfahren, positive Eigenschaften hinter der Fassade der Übertreibung zu entdecken, an zwei weiteren Beispielen durch:

Beispiel 1: Ein Mitarbeiter verbeißt sich immer wieder in Details und gibt dadurch häufig seine Arbeiten zu spät ab. Er ist also ein Pedant, der immer wieder den Faden verliert. Aber der positive Kern dieser Pedanterie ist seine Genauigkeit.

Ihm übertragene Arbeiten werden bis ins Detail gewissenhaft und korrekt ausgeführt. Der Kollege macht keine Fehler. Er ist also der korrekte und genaue Ausführer.

Fazit: Die zu verspäteten Abgaben führende Pedanterie ist demnach übertriebene Gewissenhaftigkeit und Genauigkeit.

Beispiel 2: Eine Verkäuferin war früher als medizinisch-technische Assistentin bei einem Hautarzt tätig und arbeitet jetzt als Verkäuferin für Kosmetik in einer Apotheke. In ihren Verkaufsgesprächen überfüttert sie die Kundinnen und Kunden mit langen pharmazeutischen Erklärungen, die diese häufig gar nicht hören wollen. Sie redet zu technisch, während sich viele Kundinnen mehr Emotionen wünschen. Auf den Punkt gebracht: Die Verkäuferin argumentiert häufig zu rational. Der positive Kern jedoch besteht darin, dass sie, wie keine andere Verkäuferin in der Apotheke, einen hohen pharmazeutischen Sachverstand hat. Mithilfe dieses Sachverstands will sie ihre Kundinnen umfassend beraten, sie aufklären und zu einer rationalen Kaufentscheidung bewegen. Sie ist die absolute Fachfrau in Sachen pharmazeutische Kosmetik, die ihre Kundinnen überzeugen und nicht überrumpeln will.

Fazit: Die ausschweifenden rationalen Verkaufs-Argumentationen sind Übertreibungen der Fähigkeit, Kundinnen durch umfassende Aufklärung zum Kauf zu bewegen.

Mit der Herausarbeitung des positiven Kerns sind wir der Fähigkeit, Kritik an Mitarbeiterinnen und Mitarbeitern respektvoll äußern zu können, ein gutes Stück nähergekommen. Wir können unsere Konfliktpartner mit wertschätzenden statt abwertenden Augen sehen:

- Der dominante und arrogante »Macker« ist vor allem auch ein positiver Macher, der das Team antreibt und Impulse setzt.
- Der pedantische »Korinthenkacker« erscheint vor allem auch als gewissenhafter und zuverlässiger Ausführer von übertragenen Arbeiten.
- Die hochtrabend »schwätzende Verkäuferin« ist eine Fachfrau, die ihre Kunden nicht mit Tricks über den Tisch ziehen, sondern durch Fakten überzeugen will.

Kurz und gut: Die Antworten auf die drei Fragen zum positiven Kern verhelfen zu einer gefühlten Wertschätzung des jeweiligen Konfliktpartners. Die aufrichtige Wertschätzung des positiven Kerns wiederum bildet die Grundlage für die respektvolle Kritik: Das zu kritisierende Verhalten des betreffenden Mitarbeiters (= die Abwertung) wird immer wieder eingebettet in das Lob (= die Aufwertung/Wertschätzung) seiner positiven Eigenschaften.

Dadurch können die üblichen Floskeln entfallen, die mittlerweile standardmäßig jedes Kritikgespräch einleiten: »Herr X, ich schätze Sie als guten Mitarbeiter, aber ...« Bei diesen Formulierungen handelt es sich, und das weiß jede Mitarbeiterin und jeder Mitarbeiter, um abgedroschene Phrasen, die von der jeweiligen Führungskraft als taktisches Lob eingesetzt werden, um anschließend mit der Kritikkeule umso heftiger zuschlagen zu können.

Ganz anders beim Modell der wertschätzenden Kritikfähigkeit: Die Basis der Wertschätzung – nämlich der positive Kern des vom Mitarbeiter übertriebenen Verhaltens – wird von der Führungskraft tatsächlich auch als solche wahrgenommen und gefühlt.

> Die ehrliche Beantwortung der drei Fragen zum positiven Kern dient nicht etwa der geschickten Manipulation des Mitarbeiters, sondern vielmehr dessen aufrichtiger Wertschätzung seitens des Vorgesetzten.

Es macht für die Führungskraft einen enormen Unterschied, ob sie ihren Mitarbeiter als dominanten Macker oder als Macher sieht, der manchmal des Guten zu viel tut.

Jetzt schauen wir uns an, wie sich Konfliktgespräche verändern, wenn die Basis der wertschätzenden Kritik, der positive Kern des Mitarbeiters, von einer Führungskraft herausgearbeitet wurde. Wir geben dafür den Wortlaut des Kritikgesprächs zwischen der Vorgesetzten und dem Macher des Teams wieder:

»Herr Klupsch, schön, dass Sie sich die Zeit genommen haben. Ich würde gerne einen für mich heiklen Punkt mit Ihnen besprechen.«

»Das klingt nach Drohung.«

»Um Himmels willen. Im Gegenteil: Sie wissen, wie sehr ich Ihr Engagement für das Team schätze. Sie liefern ohne Zweifel ganz wichtige Impulse und Ideen und übernehmen bei deren Umsetzung immer wieder die Initiative. Diese Beiträge sind unverzichtbar für unsere Arbeit. Sie sind da ganz klar die treibende Kraft im Team.« (Aufwertung) »Aber leider habe ich auch genau an diesem Punkt Kritik.« (Abwertung)

»Ah, jetzt kommt's!«

»Manchmal sind Sie – besonders wenn ich nicht auf den Teamsitzungen anwesend bin – zu schnell und dadurch für die anderen im Team auch sehr erdrückend mit Ihrem Tempo. Sie ziehen Ihre Ideen und Vorschläge dann sehr dominant durch.« (Abwertung)

»Wer sagt das?«

»Mehrere Kolleginnen und Kollegen. Ich vermute, dass Sie dann sehr ungeduldig sind und schon an die Umsetzung Ihrer Ideen denken. Wenn ich dabei bin, muss ich Sie ja auch manchmal ausbremsen. Das Problem ist eben, dass manche der Kolleginnen und Kollegen dann noch nicht so weit sind und noch weitere Reflexion brauchen. Und oft kommen durch die längere Reflexion ja auch noch sehr gute weitere Aspekte ins Spiel. Die ergänzenden Vorschläge oder auch die Kritik sind wichtig für den Prozess. Und genau diese Zeit lassen Sie Ihren Kollegen häufig nicht. Sie wollen dann direkt die Umsetzung des Projekts forcieren und schieben die Bedenken und Fragen sehr schnell zur Seite.« (Abwertung) »Aus Ihrer Sicht verständlich: Sie wollen machen und nicht reden. Und genau das schätze ich an Ihnen ja auch so sehr. Sie sind sehr erfahren und wissen natürlich sehr schnell, wie der Hase läuft. Und dann wollen Sie loslegen.« (Aufwertung)

»Ich kann diese ewigen Bedenken der Kollegen nicht mehr hören. Da wird ständig alles kaputtgeredet. Und effektiv ist das nicht.«

»Herr Klupsch, wie lange kennen wir uns? Sie wissen doch auch: Wenn Ihr Tatendrang durch Diskussionsprozesse ausgebremst wird, dann kann Ihre Ungeduld auch mal umschlagen in abfällige Bemerkungen Ihren Kolleginnen und Kollegen gegenüber. Stimmt's?« (Abwertung)

»Wie meinen Sie das denn jetzt? Wollen Sie behaupten, ich wäre arrogant?«

»Ich wollte Ihnen vor Augen führen, wohin Ihr Elan und Ihre Initiative führen können, wenn Sie ausgebremst werden. Noch einmal: Ihre Erfahrungen und Ihre Fähigkeit, Dinge in die Hand zu nehmen, sind unverzichtbar für das Team und für die Effizienz unserer Arbeit.« (Aufwertung) »Ich bitte Sie nur darum, dass Sie sich auf den Teamsitzungen die Zeit nehmen, alle Kolleginnen und Kollegen mit ins Boot zu holen und ihnen den Raum für Bedenken und Fragen einräumen. Außerdem ist es mir als Teamleiter wichtig, dass wir alle Kollegen in den Prozess integrieren. Das ist notwendig für deren Motivation. Deswegen mein Wunsch: Lassen Sie die Zügel lockerer und werten Sie die Kolleginnen und Kollegen mit Ihren Bedenken und Fragen nicht ab. Sehen Sie das als Chance für Kurskorrekturen und als Motivationsspritze für die anderen. Deren Motivation entlastet auch Sie bei der Abwicklung des jeweiligen Projekts.« (Nutzen)

»Ja, ist ja gut. Aber manchmal wird da vieles auch zu lange beredet. Und das nervt.«

»In Ihren Augen mag das so sein. Ich sehe das anders. Mir ist es wichtig, dass wir auf den Sitzungen ein Klima der Angstfreiheit haben, in dem sich jeder traut, etwas beizusteuern – auch wenn es mal daneben ist oder länger dauert. Ein angstfreies Klima ist die Grundlage jeder Kreativität und Motivation. Und diese Kreativität und Motivation sämtlicher Kolleginnen und Kollegen brauchen wir – Sie genauso wie ich. Deshalb mein Appell: Achten Sie auf diese Prozesse – auch wenn ich nicht da bin. Und geben Sie den Kolleginnen und Kollegen den Raum und die Zeit und die Kritik, die sie brauchen – und zwar ohne Abwertungen. Abgemacht?« (Wunsch)

»Okay. Wird gemacht.«

»Danke für das offene Wort, Herr Klupsch.«

Sie können erkennen: Sobald die Teamleiterin ihren Mitarbeiter kritisiert hat, hat sie die damit verbundene Abwertung eingebunden in eine massive Aufwertung – die Wertschätzung des positiven Kerns des kritisierten Verhaltens. Dadurch wurde unter dem Strich der Selbstwert des Mitarbeiters eher auf- statt abgewertet. Herr Klupsch konnte die Kritik gut annehmen, denn er hat gespürt, dass die Wertschätzung mehr war als nur eine Floskel und taktisches Lob. Sie war ehrlich gemeint und kam von Herzen.

Die Kritik (= Abwertung) des Verhaltens einer Mitarbeiterin oder eines Mitarbeiters wird eingebettet in die Wertschätzung (= Aufwertung) des positiven Kerns ebenjenes Verhaltens. Dadurch wird die Wahrscheinlichkeit erhöht, dass Kritik nicht missverstanden wird als Angriff auf den Selbstwert.

Das Modell der wertschätzenden Kritik lässt sich jedoch nicht auf jedes Fehlverhalten seitens einer Kollegin oder eines Kollegen übertragen. Schauen Sie sich folgende Fragen an:

- Welche positive Eigenschaft steckt hinter ständigen Verspätungen?
- Welcher positive Kern lässt sich entdecken, wenn jemand von seinem Diensttelefon aus ständig private Anrufe tätigt?

In beiden Fällen sehen wir keine Möglichkeit, aber auch keine Notwendigkeit, das Modell der wertschätzenden Kritik anzuwenden. Denn es handelt sich jeweils um einen klaren Regelverstoß, der nach dem oben vorgestellten Prinzip des Einsichtsgesprächs behandelt werden kann.

Also verzweifeln Sie nicht, wenn Sie in einem zu kritisierenden Verhalten oder in einer negativen Eigenschaft Ihres Mitarbeiters oder Ihrer Mitarbeiterin keinen positiven Kern entdecken können. Der vorgestellte Ansatz funktioniert nicht immer – aber immer öfter …

Das Modell der wertschätzenden Kritik ist immer dann ein brauchbares Instrumentarium, Kritik fähig äußern zu können, wenn das zu kritisierende Verhalten eines Mitarbeiters eng verknüpft ist mit dessen Persönlichkeit.

Checkliste für das Einsichts-gespräch

Die wichtigsten Ziele des Einsichtsgesprächs

1. Der Mitarbeiter soll auf der Basis von Einsicht künftig dauerhaft und freiwillig das von ihm gewünschte Verhalten ändern.
2. Die Arbeitsmotivation des Mitarbeiters soll durch den Konflikt keinerlei Schaden nehmen.
3. Das gute kollegiale Verhältnis zwischen dem Mitarbeiter und dem Vorgesetzten soll durch den Konflikt nicht beeinträchtigt werden.

Aus diesen Zielen ergeben sich die Fragestellungen für den Prozess der Selbstklärung:

Die fünf Fragen der Selbstklärung

1. Was sind meine konkreten *Führungswünsche* an den Mitarbeiter? Wie soll er sich verhalten? Was genau soll er künftig tun oder lassen?
2. Warum möchte ich, dass der Mitarbeiter sein Verhalten ändert? Welche *institutionellen Bedürfnisse* begründen die gewünschte Verhaltensänderung?
3. Welche *persönlichen Bedürfnisse als Führungskraft* veranlassen mich dazu, von meinem Mitarbeiter eine Verhaltensänderung zu wünschen?
4. Kann ich dem Mitarbeiter einen *Nutzen* dafür anbieten, dass er das von ihm gewünschte Verhalten äußert? Wenn ja, welchen?
5. In welchem zentralen Punkt kann ich den Mitarbeiter *wertschätzen* und *loben*?

Das Modell der wertschätzenden Kritikfähigkeit kann helfen, einen Mitarbeiter gegebenenfalls gezielter und auch ehrlicher wertschätzen zu können:

Das Modell der wertschätzenden Kritikfähigkeit

Ziele der Kritik

Die Ziele einer Kritik, in der es um Fragen der Persönlichkeit des Mitarbeiters oder der Mitarbeiterin geht, sind schnell formuliert:

1. Die kritisierte Person soll die Kritik annehmen können, ohne dass sie sich in den Grundfesten ihrer Persönlichkeit angegriffen fühlt.
2. Die kritisierte Person soll ihr Verhalten aus eigenem Antrieb heraus verändern.

Das zweite Ziel kann nur erreicht werden, wenn auch das erste Ziel erreicht wird.

Das Modell der wertschätzenden Kritikfähigkeit fußt auf der psychologischen Erkenntnis, dass als negativ bewertete Eigenschaften in der Regel nur übertriebene Ausformungen einer an sich positiven Charaktereigenschaft sind. Wir können uns drei einfache Fragen beantworten, wenn wir grundlegend positive Eigenschaften aus negativen Ausformungen des Mitarbeiters herauskristallisieren wollen:

Die drei Fragen zum positiven Kern

1. Wie kann man – auf eine kurze Formel gebracht – die negative Eigenschaft des zu kritisierenden Mitarbeiters benennen?

197

2. Gibt es einen positiven Kern dieser negativen Eigenschaft? Wenn der Mitarbeiter es nicht so übertreiben würde: Welche positiven Charakterzüge lassen sich hinter seiner als negativ bewerteten Eigenschaft entdecken?
3. Auf welche kurze Formel kann man diese positiven Eigenschaften bringen? Wie kann man den positiven Kern griffig benennen?

Die Vorgehensweise in einem Einsichtsgespräch

1. Die Führungskraft wird beginnen mit *Fragen nach den Hintergründen* des Fehlverhaltens des Mitarbeiters.
2. Danach wird sie dem Mitarbeiter die Notwendigkeit einer Verhaltensänderung deutlich machen. Dafür wird sie *ausführliche Begründungen* (institutionelle oder gegebenenfalls auch persönliche Führungsbedürfnisse) liefern. Denn diese bieten eine wichtige Basis für die Einsicht des Mitarbeiters.
3. In einer *Nutzen-Argumentation* wird der Vorgesetzte deutlich machen, dass unter dem Strich auch der Mitarbeiter davon profitiert, wenn er sein Verhalten ändert.
4. Gleichzeitig wird der Vorgesetzte den Mitarbeiter immer wieder wertschätzen durch *Lob*.
5. Schließlich wird er sich vom Mitarbeiter die *Zusage* für die konkrete Verhaltensänderung einholen.

Das Erwartungsgespräch

In unseren bisherigen beruflichen Beispielen, anhand derer wir die Prinzipien des Einsichtsgesprächs in Führungssituationen veranschaulicht haben, haben wir unterstellt, dass die kritisierten Mitarbeiterinnen und Mitarbeiter gegen Ende des jeweiligen Gesprächs erste Anzeichen von Einsicht gezeigt haben. Doch natürlich wird es auch Konflikte geben, in denen die Führungskräfte spüren, dass sich trotz aller Überzeugungsarbeit die gewünschte Einsicht bei ihrem jeweiligen Gegenüber nicht einzustellen vermag: Die Mitarbeiterin oder der Mitarbeiter verschließt sich gegen sämtliche Begründungen und gegen jeglichen Nutzen und beharrt auf der Legitimität des eigenen Verhaltens.

Hierzu ein Beispiel:

»Thea, du weißt selbst, wie wichtig genau das für dich ist: selbstbestimmt zu arbeiten und nicht jeden Schritt mit mir abzustimmen. Aber dafür brauche ich das Vertrauen, dass die grundlegenden Regeln ohne Wenn und Aber gelten.«

»Meine Güte, ja – aber die paar Minuten Verspätung, und dann so ein Aufstand. Das ist Prinzipienreiterei!«

»Ich habe dir die Gründe erläutert. Und ich habe gehofft, dass du sie nachvollziehen kannst.«

»Nein! Kann ich nicht und will ich auch nicht!«

An diesem Punkt des Konfliktgesprächs wird der Kita-Leiterin deutlich, dass sie ihr Ziel, bei der Mitarbeiterin eine Verhaltensänderung auf der Basis von Einsicht zu bewirken, nicht erreichen wird. Sie hat alle Bedürfnis- und Nutzen-Argumentationen vorgebracht – ohne Erfolg. Ihre Mitarbeiterin Thea verschließt sich gegen die Einsicht. Vermutlich sind ihre familiären Gründe, die zu den Verspätungen führen, zu gewichtig, als dass sie an diesem Punkt einlenken wollte oder könnte.

Die Leiterin steht an einem Scheideweg. Sie muss sich entscheiden, ob sie der Mitarbeiterin an dem Punkt der Verspätungen entgegenkommt oder auf der unbedingten Pünktlichkeit beharrt und den Weg der Druckerhöhung geht. Wir stellen beide Varianten vor, ohne eine Empfehlung für eine Präferenz geben zu wollen:

Der Weg des Entgegenkommens

»Thea, ich habe dir die Gründe erläutert. Und ich habe gehofft, dass du sie nachvollziehen kannst.«

»Nein! Kann ich nicht und will ich auch nicht!«

»Was ist los mit dir? Ich habe dich noch nie so unter Druck erlebt. Dir scheint das Wasser bis zum Hals zu stehen.«

»Ja, natürlich – schön, dass du das auch schon merkst.«

»Ich akzeptiere natürlich, dass du mir die Gründe für deine Verspätungen nicht nennen willst. Aber ich bin in einer totalen Zwickmühle: Auf der einen Seite bin ich verantwortlich für diese Einrichtung und daher auch für die Einhaltung der Regeln; auf der anderen Seite möchte ich dir gerne entgegenkommen. Aber dafür brauche ich ein paar Hinweise von dir, um eine Entscheidung treffen zu können. Ich möchte uns beiden ersparen, die Pünktlichkeit einfach anzuweisen.«

»Ich kann dir die Gründe nicht nennen.«

»Okay. Aber ich muss vor allem wissen: Ist deine missliche Lage, die zu den Verspätungen führt, zeitlich begrenzt?«

»Ja.«

»Wann kannst du wieder pünktlich sein? Kannst du das abschätzen?«

»Ein paar Wochen noch, dann hat sich hoffentlich alles wieder eingerenkt.«

»Und in dieser Zeit siehst du keine Möglichkeit, Pünktlichkeit zu garantieren?«

»Leider nein – tut mir doch auch leid. Aber es geht wirklich nicht.«

»Das spüre ich. Einen Freifahrtschein für Verspätungen kann ich dir unmöglich ausstellen; ich hoffe, das kannst du nachvollziehen. Die Signalwirkung an die anderen Kolleginnen wäre fatal. Ich werde schauen, ob ich für die nächste Zeit nicht eine andere Lösung finden kann. Vielleicht kann ich dich morgens durch eine Praktikantin vertreten lassen. Ich muss mir das einfach mal durch den Kopf gehen lassen. Wäre es denkbar, dass du als Ausgleich nachmittags eine gewisse Zeit dranhängen kannst?«

»Ja, klar.«

»Gut. Ich werde irgendwie schauen, dass wir eine Lösung finden, ohne dass ich die Regel der Pünktlichkeit außer Kraft setzen muss und dadurch mit den anderen Kolleginnen wieder Ärger bekomme. Lass mich einen Tag nachdenken.«

»Ja, natürlich, ist schon in Ordnung.«

»Okay, Thea, dann würde ich sagen, dass wir uns morgen noch einmal kurz zusammensetzen und den Punkt klären. Einverstanden?«

»Ja, danke.«

»Und viel Glück und Kraft bei der Klärung deiner Situation.«

»Kann ich gebrauchen.«

In diesem Gespräch kam die Leiterin zu dem Entschluss, auf den legitimen Weg der Erhöhung des Drucks zu verzichten und stattdessen der Mitarbeiterin entgegenzukommen. Zu gewichtig erschienen ihr die Gründe für die Verspätungen zu sein, als dass sie noch zusätzlichen Druck auf Thea ausüben wollte.

Worin genau das Entgegenkommen der Leiterin bestehen wird, tut für unseren Zusammenhang wenig zur Sache.

Wir brechen diesen Weg des Einlenkens der Führungskraft daher an dieser Stelle ab.

Der Weg der Eskalation

Wir möchten jetzt den zweiten Weg vorstellen: die Eskalation durch Erhöhung des Drucks.

»Thea, ich habe dir die Gründe erläutert. Und ich habe gehofft, dass du sie nachvollziehen kannst.«

»Nein! Kann ich nicht und will ich auch nicht!«

Statushebung: »Okay, das ist schade. Trotzdem muss ich dir jetzt an diesem Punkt sagen: Ich bin die Leiterin und ich bestehe darauf, dass die Regeln verbindlich gelten. In diesem Falle auch die, dass du pünktlich zur Arbeit erscheinst. Daher sage ich dir jetzt in aller Deutlichkeit: Ich erwarte, dass du morgens auf die Minute pünktlich bist.«

»Kommt jetzt der dicke Daumen?«

»Wenn du so willst: Ja. Ich habe versucht, dir zu erklären, warum mir die Pünktlichkeit so wichtig ist. Ich kann und werde an diesem Punkt keine Ausnahme machen – auch bei dir nicht. Ich erwarte Pünktlichkeit – und zwar von allen hier in der Einrichtung. Kann ich mich darauf verlassen?«

»Und was ist, wenn nicht?«

»Thea, ich möchte mit dir jetzt nicht über mögliche Konsequenzen sprechen. Ich gehe einfach davon aus, dass du weißt, worum es geht, und du deshalb künftig pünktlich bist. Klar?«

»Ja, ist ja gut.«

Statussenkung: »Danke für die Zusage. Und wenn ich dich an irgendeinem anderen Punkt entlasten kann, dann sag es mir bitte. Ich möchte dich nicht vor den Kopf stoßen, sondern da, wo es möglich ist, unterstützen.«

»Bei der Pünktlichkeit hättest du mir helfen können.«

»Aber genau da geht es nicht – so leid es mir gerade bei dir tut.«

Nach dem Statuswechsel von der Ebene der Einsicht auf die Ebene der Erwartung wird gegen Ende des Gesprächs deutlich, dass die Erzieherin die klare Grenzziehung ihrer Chefin anerkennt und ihr – wenn auch widerwillig – die Zusage für die Pünktlichkeit gibt. Daraufhin senkt die Leiterin ihren kommunikativen Status unverzüglich wieder und versucht, durch Wertschätzung die Risiken, die durch den vorher ausgeübten Druck entstehen können (zum Beispiel Dienst nach Vorschrift, Verschlechterung der Beziehung), zu minimieren.

Doch Vorsicht: Das Mittel der Eskalation durch den Wechsel in den Erwartungsstatus sollte nur in Ausnahmesituationen angewendet werden. Denn das Risiko, dass wichtige Konfliktziele wie Arbeitsmotivation oder ein gutes kollegiales Verhältnis auf der Strecke bleiben, ist gegenüber einem Einsichtsgespräch deutlich erhöht.

Der Platzhirsch

Wir erläutern jetzt die zentralen Prinzipien eines Erwartungsgesprächs anhand eines weiteren Beispiels ausführlicher, als wir das gerade in dem Kita-Konflikt getan haben. Wir nehmen dabei als Grundprämisse an, dass die jeweilige Führungskraft bereits ein Einsichtsgespräch mit der betroffenen Kollegin oder dem Kollegen geführt hat. Doch trotz erfolgter Zusage für eine Verhaltensänderung stellte sich im Anschluss an dieses erste Gespräch heraus, dass das von der Führungskraft kritisierte Fehlverhalten von der Mitarbeiterin oder dem Mitarbeiter nicht eingestellt wurde. Folglich wird die vorgesetzte Person den Druck auf den Mitarbeiter oder die Mitarbeiterin erhöhen und versuchen, über diesen Weg das erwartete Verhalten zu erzielen:

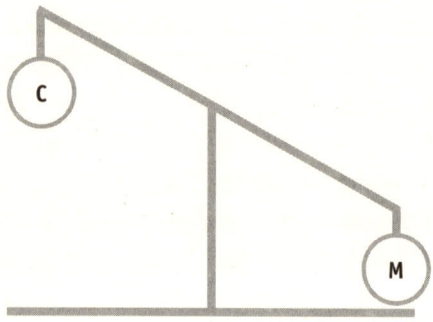

Unser praktisches Beispiel, anhand dessen wir die Prinzipien des Erwartungsgesprächs erläutern werden, kennen Sie in Auszügen bereits:

Frau Schulze leitet die Servicetelefon-Abteilung eines mittelständischen Unternehmen. Die sieben Mitarbeiterinnen und Mitarbeiter ihres Teams treffen sich montagmorgens zu einer Sitzung, auf der die wichtigsten organisatorischen und inhaltlichen Dinge für die anstehende Woche besprochen werden. Frau Schulze selbst kann wegen terminlicher Schwierigkeiten auf diesen Teamsitzungen nicht immer anwesend sein. Wiederholt ist ihr zu Ohren gekommen, dass einer ihrer erfahrensten Mitarbeiter – Herr Klupsch – diese Meetings stark und teilweise unangenehm dominiert. Die übrigen Kolleginnen und Kollegen haben sich bei Frau Schulze über das Platzhirsch-Gebaren von Herrn Klupsch mehrfach beschwert.

Ein erstes Gespräch zwischen Frau Schulze und Herrn Klupsch hat bereits vor etwa 4 Wochen stattgefunden. In diesem Einsichtsgespräch, das wir oben im Wortlaut wiedergegeben haben, hat die Teamleiterin durch die Vermittlung ihrer Führungsbedürfnisse und mithilfe einer Nutzen-Argumentation versucht, ihren Mitarbeiter zu einer selbstverantwortlichen Änderung seines Verhaltens zu bewegen. Das erste Gespräch war geprägt von Begründung und Wertschätzung, verbunden mit Appellen und Wünschen. Herr Klupsch hat in diesem Gespräch die Zustimmung zu einer Verhaltensänderung gegeben.

Aber dennoch: Mehrere Mitarbeiterinnen und Mitarbeiter haben ihrer Teamleiterin berichtet, dass Herr Klupsch sie auf den Teamsitzungen weiterhin abwürgt und sich über ihre Beiträge sogar wiederholt lustig macht. Daher hat sich die Führungskraft dazu entschlossen, ein zweites Gespräch mit Herrn Klupsch über sein dominantes und teilweise auch ignorantes Verhalten im Team zu führen.

Die gedankliche Vorbereitung

Bevor sich die Teamleiterin mit Herrn Klupsch zusammensetzt, definiert sie zunächst ihre wichtigsten Ziele für das anstehende Erwartungsgespräch:

Die Ziele des Erwartungsgesprächs

1. Dem Mitarbeiter sollen die Grenzen seines Verhaltens verdeutlicht werden. Er soll erkennen, dass das von ihm gezeigte dominante und teilweise sogar arrogante Verhalten seinen Kolleginnen und Kollegen gegenüber nicht weiter akzeptiert wird: »Stopp! Jetzt reicht's!« Und er soll spüren, dass jedes künftige Fehlverhalten zu Konsequenzen führen wird.
2. Gleichzeitig soll verhindert werden, dass der Mitarbeiter durch die scharfe Grenzziehung demotiviert wird und das gute kollegiale Verhältnis zwischen vorgesetzter und nachgesetzter Person leidet.

In einem Erwartungsgespräch setzt die Führungskraft also auf ein relativ ausgewogenes Verhältnis zwischen Druck einerseits und Wertschätzung andererseits. Der aufgebaute Druck dient der Grenzziehung, und die praktizierte Wertschätzung soll der Arbeitsmotivation des Mitarbeiters und dem kollegialen Verhältnis dienen.

Auch für ein Erwartungsgespräch ist es unabdingbar, dass sich die Führungskraft durch die Beantwortung von fünf Fragen der Selbstklärung gewissenhaft vorbereitet. Doch da sich diese Fragen weitgehend mit denen aus dem Einsichtsgespräch decken, bedarf es zu ihrer Beantwortung keiner großen Vorbereitungszeit:

Die fünf Fragen der Selbstklärung für ein Erwartungsgespräch

1. Welche Erwartungen werde ich formulieren? *Erwartung*: Herr Klupsch soll sich in den Teamsitzungen, in denen ich nicht anwesend sein kann, zurücknehmen und sein arrogantes Verhalten einstellen.
2. Warum und für wen ist das wichtig? *Institutionelles Bedürfnis*: Die Kolleginnen und Kollegen brauchen Raum für längere Diskussions- und Reflexionsprozesse. Das schafft notwendige Synergieeffekte, erhöht die Motivation der Kolleginnen und Kollegen und verbessert die Effizienz im Team.
3. Warum ist mir als Führungskraft eine Verhaltensänderung wichtig? *Führungsbedürfnis*: In meiner Abteilung möchte ich, dass sich sämtliche Kolleginnen und Kollegen in die laufenden Prozesse einbringen und diese verantwortlich mitgestalten. Das ist mein Führungsansatz, und der ist mir wichtig!
4. Gibt es einen Nutzen, den ich Herrn Klupsch für sein sozial kompetentes Verhalten im Team anbieten kann?

Wenn ja, welchen? *Nutzen*: Das Team ist motivierter und zieht bei der Abwicklung der Projekte eher mit. Dadurch hat Herr Klupsch mehr Zeit und Raum für seine Kernkompetenz: die Entwicklung neuer Projekte.

5. An welchem Punkt kann ich den Mitarbeiter loben? Finde ich einen positiven Kern seines arroganten Verhaltens? *Respektvolle Kritikfähigkeit*: Seine Dominanz und Arroganz sind lediglich Übertreibungen seines Engagements, seines Ehrgeizes und seiner Motivation, die ich sehr schätze.

Die Ziele sind formuliert und die wichtigsten Fragen beantwortet. Abschließend muss daraus nur noch die grobe Vorgehensweise für das Erwartungsgespräch abgeleitet werden:

Die Vorgehensweise in einem Erwartungsgespräch

1. Fragen nach *Sichtweise des Mitarbeiters*: Aus Gründen der indirekten Wertschätzung wird die Vorgesetzte ihrem Mitarbeiter immer wieder einen (begrenzten) Raum geben, seine eigene Sichtweise des Konflikts darstellen zu können.

2. Die *Erwartungen* formulieren: Ein Schwerpunkt innerhalb dieses Gesprächs wird darauf liegen, dass Frau Schulze ihrem Mitarbeiter die Grenzen seines Verhaltens dadurch aufzeigt, dass sie klare und unmissverständliche Erwartungen formuliert.

3. *Indirekte Wertschätzung* durch Begründungen und Nutzen: Aus Gründen der Wertschätzung − und weniger der Hoffnung auf Einsicht − wird die Vorgesetzte erneut in kurzer und knapper Form die Gründe und den Nutzen einer Verhaltensänderung darlegen.

4. *Direkte Wertschätzung* durch Lob: Die Teamleiterin wird auch in diesem Gespräch direkte Wertschätzung durch

Lob praktizieren, indem sie das Modell der wertschätzenden Kritik anwendet.

5. *Verbindliche Zusage* abholen: Zum Abschluss des Gesprächs wird sich die Vorgesetzte die verbindliche Zusage ihres Mitarbeiters für ein verändertes Verhalten in den künftigen Teamsitzungen abholen.

Diese fünf Punkte werden allerdings nicht mit einer gleichmäßigen Gewichtung in das Gespräch einfließen: Da sich der Schwerpunkt im Vergleich zum bereits erfolgten ersten Gespräch weg von der Einsicht und hin zur Erhöhung des Drucks verlagert, wird der Punkt 2 (Grenzziehung durch die Formulierung von Erwartungen) einen ähnlichen Stellenwert haben wie die Punkte 1, 3 und 4 (Wertschätzung) zusammen.

Hinein ins Gespräch

Die Vorüberlegungen sind getätigt, die Botschaften für das Konfliktgespräch sind formuliert und die Ziele von der vorgesetzten Person festgelegt. Also können wir uns das Konfliktgespräch im Wortlaut anschauen:

»Herr Klupsch, kommen Sie bitte gleich zu mir in mein Büro. Ich möchte kurz mit Ihnen sprechen.«

»Klar, worum geht's?«

»Das würde ich gerne gleich klären. In zehn Minuten bitte.«

»Okay, ich komme.«

Die Vorgesetzte hat ihren Status schon bei der Terminierung des Gesprächs im Vergleich zur ersten Zusammenkunft mit Herrn Klupsch deutlich erhöht: Statt sich die Zustimmung ihres Mitarbeiters für den Gesprächstermin einzuholen (= Wertschätzung), hat sie den Zeitpunkt ohne Rückfrage festgelegt.

»Herr Klupsch, bitte setzen Sie sich.«

»Danke.«

»Es geht noch einmal um das Thema Teamsitzung. Wir haben ja diesbezüglich vor vier Wochen – am 4.6. genau genommen – bereits ein Gespräch geführt. Sie hatten mir zugesichert, Ihr Verhalten zu verändern. Wie beurteilen Sie selbst Ihr Verhalten im Team seit diesem Termin?« (Frage nach Sichtweise des Mitarbeiters)

»Wieso fragen Sie?«

»Weil ich erneut negative Rückmeldungen bekommen habe.«

»Meine Güte. Ich habe mich doch zurückgenommen. Aber ich kann doch nicht gar nichts mehr sagen. Damit wäre doch auch nicht gedient. Diese stundenlangen Diskussionen sind einfach kontraproduktiv. Das bringt doch nichts.«

»Herr Klupsch. Ich schätze Ihr Engagement und Ihre Ideen, das wissen Sie. Das Team braucht Ihre Vorschläge, Erfahrungen und Rückmeldungen. Das steht für mich außer Zweifel.« (Wertschätzung) »Aber es geht um das *Wie* Ihrer Kommentare. Mag sein, dass Sie etwas auszusetzen haben an einigen der Beiträge Ihrer Kolleginnen und Kollegen. Und dass Ihnen das zu langsam geht, weiß ich. Aber ich erwarte von Ihnen, dass Sie Ihre Ungeduld zügeln und den Kolleginnen und Kollegen den Raum für Diskussionen gewähren. Außerdem erwarte ich, dass Sie Ihre Kritik sachlich äußern und jede persönliche Diffamierung unterlassen.« (Erwartung)

»Diffamierung muss ich mir nicht vorwerfen lassen. Das ist …« (Redeunterbrechung = Führungsstatus)

»Herr Klupsch, das ist mir von mehreren Teammitgliedern berichtet worden. Wenn Sie einen Vorschlag einer Kollegin damit abtun, dass Sie sagen: ›Sie haben doch keine Ahnung!‹, dann ist das eine Diffamierung, die dazu führt, dass sich die betreffende Kollegin künftig nicht mehr äußert. Mir ist aber jede Art von sachlicher Rückmeldung wichtig. Und ich möchte ein angstfreies und kreatives Klima auf den Teamsitzungen.« (Bedürfnis) »Dass wir alle Kolleginnen und Kollegen in die Projekte einbinden, statt sie vor den Kopf zu stoßen und zu demotivieren, ist in unser aller Interesse: Motivation bedeutet immer Entlastung – auch für Sie.« (Nutzen) »Deswegen unterlassen Sie diese Art von Kommentaren!« (Erwartung)

»Aber so habe ich das doch gar nicht gemeint. Das kann einem doch mal rausrutschen. Sie kennen mich doch.«

»Tut mir leid, Herr Klupsch: Das darf Ihnen nicht einfach mal rausrutschen. Und wenn doch, gibt es immer noch die Möglichkeit der anschließenden Entschuldigung.«

»Ja, ja, klar. Aber im Eifer des Gefechts kann es …« (Redeunterbrechung)

»Nein, Herr Klupsch: Eine Teamsitzung ist kein Gefecht – und darf es auch nicht werden. Die Teamsitzung ist ein Ort des Austausches. Sie sind ein absolut erfahrener Mitarbeiter, der von allen hier am längsten im Boot ist.« (Wertschätzung) »Deshalb erwarte ich gerade von Ihnen an diesem Punkt klipp und klar eine Änderung. Bringen Sie Ihre Erfahrung ein – aber auf einer rein sachlichen Ebene. Und lassen Sie den Kolleginnen und Kollegen Raum. Habe ich mich da deutlich ausgedrückt?« (Erwartung)

»Ja, natürlich.«

»Dann wiederholen Sie bitte noch einmal, was Sie an Erwartung bei mir herausgehört haben.«

»Dass ich den Kollegen Raum lasse und sie nicht anmache.«

»Und dass Sie sich gegebenenfalls öffentlich entschuldigen.«

210

»Geht klar.«

(Statussenkung): »Okay, dann ist dieser Punkt aus meiner Sicht erledigt. Gibt es aus Ihrer Sicht noch Gesprächsbedarf?« (Nachfrage = Wertschätzung)

»Nein, ist klar.«

»Gut, dann danke ich Ihnen für das Gespräch.«

Die Vorgesetzte Frau Schulz hat in diesem Konflikt im Vergleich zum ersten Einsichtsgespräch die »Zügel angezogen« und dadurch ihre Führungsposition untermauert:

1. Frau Schulze hat, wie bereits besprochen, den Termin festgesetzt, statt vereinbart.
2. Die Vorgesetzte hat den Schwerpunkt ihrer Argumentation weg von den Bedürfnisäußerungen und der Nutzen-Argumentation (= Einsicht des Mitarbeiters erzielen) hin zur wiederholten Formulierung von Erwartungen (= Grenzziehung) verlagert.
3. Die Teamleiterin hat ihren Mitarbeiter mehrfach unterbrochen.
4. Die unmittelbare Wertschätzung des Mitarbeiters beschränkte sich auf ein paar kurze lobende Äußerungen; die mittelbare Wertschätzung auf die zwei Fragen nach der Sichtweise des Mitarbeiters und die einmalige Bedürfnis- und Nutzen-Äußerung.
5. Nach der verbindlichen Zusage ihres Mitarbeiters gegen Ende des Gesprächs hat Frau Schulze den Status wieder gesenkt und damit die versteckte Botschaft gesendet, dass sie trotz der Schärfe ihres Tons eine weiterhin gute Beziehung zu Herrn Klupsch aufrechterhalten möchte.

Der gehobene Status der Teamleiterin in dem Gespräch war der Situation absolut angemessen. Denn durch die wiederholten diffamierenden Äußerungen des Mitarbeiters nach dem ersten Gespräch handelte es sich um einen mittelschweren Regelverstoß. Und die Reaktion der Vorgesetzten auf diese Nichteinhaltung der Vereinbarung kann nur darin bestehen, dass sie dem Mitarbeiter die Grenzen seines Verhaltens deutlich aufzeigt.

> Ein Erwartungsgespräch ist ein schwieriger Balanceakt zwischen Grenzziehung und Druck einerseits und Wertschätzung der kritisierten Person andererseits.

Eine Frage des Drucks

Wir werden in unseren Trainings immer wieder gefragt, ob es in einem Erwartungsgespräch nicht an der Zeit ist, der betreffenden Mitarbeiterin oder dem Mitarbeiter konkrete Konsequenzen für den Fall anzudrohen, dass der erwarteten Verhaltensänderung nicht entsprochen wird. Wir denken, nein. Denn erstens bleiben Ihnen für die nächste Stufe, das Anweisungsgespräch, kaum noch Eskalationsmöglichkeiten – Sie haben Ihr Pulver bereits verschossen. Und zweitens würde durch die deutliche Androhung von Konsequenzen der Druck auf die Mitarbeiterin oder den Mitarbeiter zu stark werden – die Arbeitsmotivation und die gute Beziehung wären durch allzu viel Druck gefährdet.

Aus diesen beiden Gründen plädieren wir dafür, die Möglichkeit der Konsequenzen eher diffus in das Erwartungsgespräch einfließen zu lassen. Wir sehen zwei Möglichkeiten:

Diffuse Drohung

Wie oben gezeigt, soll Herr Klupsch durch das klare und resolute Auftreten seiner Vorgesetzten spüren, dass ein weiteres Fehlverhalten Konsequenzen nach sich ziehen wird. Das heißt: Frau Schulze hat im Erwartungsgespräch die Frage der Konsequenzen nicht verbalisiert. Stattdessen hat sie ihrem Mitarbeiter allein durch ihren Auftritt (energisch-bestimmter Status) deutlich gemacht, dass ein erneutes Fehlverhalten zu Konsequenzen führen wird. Die Konsequenzen standen im Raum, ohne dass die Vorgesetzte sie benannt hat.

Offene Konsequenzen

Aber natürlich besteht auch die Möglichkeit, mit einem kurzen Satz die Möglichkeit von Konsequenzen anzudeuten:

»Herr Klupsch, sollten Sie meiner Erwartung nicht nachkommen, werde ich mir weitere Schritte vorbehalten.«

»Welche denn?«

»Das werden wir dann sehen. Im Moment gehe ich einfach davon aus, dass Sie Ihr Verhalten auf den Teamsitzungen ändern.«

Auch hier stehen die Konsequenzen im Raum, ohne dass sie explizit benannt und definiert wurden.

In beiden Fällen hält sich durch die diffuse oder offene Nennung möglicher Konsequenzen der Druck auf den dominanten Mitarbeiter in Grenzen. Auch bleiben der Führungskraft für ein eventuelles Anweisungsgespräch weitere Eskalationsmöglichkeiten in Form von konkreten Konsequenzen. Frau Schulze hat also noch einen Trumpf im Ärmel.

Sollte Herr Klupsch sein Verhalten im Team ändern, dann tut er das nicht, weil ihm nach diesem Erwartungsgespräch die Gründe dafür einsichtig erscheinen, sondern weil er spürt, dass er bei weiteren Grenzverletzungen mit größeren Schwierigkeiten rechnen muss. Die durchgehende Botschaft der Vorgesetzten im Erwartungsgespräch lautete: »Stopp. Hier ist Schluss!«

Gleichzeitig ist es der Vorgesetzten durch die wiederholte Wertschätzung gelungen, ihrem Mitarbeiter nicht unnötig vor den Kopf zu stoßen. Herrn Klupsch dürfte deutlich geworden sein, dass trotz der Kritik an seiner Dominanz seine Position im Team als erfahrener und kompetenter Macher nicht infrage gestellt ist. Die Chancen stehen gut, dass der Konflikt nicht auf Kosten der Arbeitsmotivation des Mitarbeiters oder der guten kollegialen Beziehung zu seiner Vorgesetzten gehen wird.

> Das Ziel eines Erwartungsgesprächs besteht darin, den Mitarbeiter durch das Aufzeigen von Grenzen zu einer Änderung seines Verhaltens zu bewegen. Der Mitarbeiter soll spüren, dass jedes weitere Fehlverhalten Konsequenzen nach sich ziehen wird. Gleichzeitig soll sich der aufgebaute Druck in Grenzen halten und durch Wertschätzung aufgewogen werden.

Aber wir müssen natürlich einschränken: Eine Führungskraft kann durch eine sozial kompetente Durchführung eines Erwartungsgesprächs die Wahrscheinlichkeit erhöhen, dass sie ihre Ziele der Verhaltensänderung des Mitarbeiters bei gleichzeitiger Erhaltung der Motivation und des guten Verhältnisses erreicht – eine Sicherheit gibt es aber nicht!

Checkliste für das Erwartungs-
gespräch

Die Ziele des Erwartungsgesprächs

1. Dem Mitarbeiter sollen die Grenzen seines Verhaltens verdeutlicht werden. Er soll erkennen, dass das von ihm gezeigte Verhalten nicht weiter akzeptiert wird: »Stopp! Jetzt reicht's!« Und er soll spüren, dass jedes künftige Fehlverhalten zu Konsequenzen führen wird.
2. Gleichzeitig soll verhindert werden, dass der Mitarbeiter durch die scharfe Grenzziehung demotiviert wird und das gute kollegiale Verhältnis zwischen vorgesetzter und nachgesetzter Person leidet.

Die folgenden Fragen der Selbstklärung entsprechen den fünf Fragen aus dem Einsichtsgespräch:

Die fünf Fragen der Selbstklärung

1. Was sind meine konkreten *Erwartungen* an den Mitarbeiter? Wie soll er sich verhalten? Was soll er tun oder lassen?
2. Warum erwarte ich, dass der Mitarbeiter sein Verhalten ändert? Welche *institutionellen Interessen* begründen die erwartete Verhaltensänderung?
3. Warum ist es mir als verantwortliche Führungskraft wichtig, dass der Mitarbeiter sein Verhalten ändert? Welche individuellen *Führungsbedürfnisse* begründen die von mir erwartete Verhaltensänderung?
4. Kann ich dem Mitarbeiter einen *Nutzen* dafür anbieten, dass er das von ihm gewünschte Verhalten äußert? Wenn ja, welchen?
5. In welchem zentralen Punkt kann ich den Mitarbeiter *loben*?

Die Vorgehensweise in einem Erwartungsgespräch

1. Fragen Sie nach der *Sichtweise des Mitarbeiters*: Aus Gründen der indirekten Wertschätzung geben Sie Ihrem Mitarbeiter immer wieder einen (begrenzten) Raum, seine eigene Sichtweise des Konflikts darstellen zu können.

2. Formulieren Sie Ihre *Erwartungen*: Der Schwerpunkt innerhalb dieses Gesprächs wird darauf liegen, dass Sie Ihrem Mitarbeiter die Grenzen seines Verhaltens dadurch aufzeigen, dass Sie klare und unmissverständliche Erwartungen formulieren.

3. Vermitteln Sie *indirekte Wertschätzung* durch Begründungen und Nutzen: Aus Gründen der Wertschätzung – und nicht in der Hoffnung auf Einsicht – werden Sie erneut in kurzer und knapper Form die Gründe und den Nutzen einer Verhaltensänderung darlegen.

4. Vermitteln Sie *direkte Wertschätzung* durch Lob: Sie werden auch in diesem Gespräch direkte Wertschätzung durch Lob praktizieren.

5. Lassen Sie sich eine *verbindliche Zusage* geben: Zum Abschluss des Gesprächs holen Sie sich die verbindliche und möglichst konkrete Zusage des Mitarbeiters für eine Verhaltensänderung ab.

Generell gilt:

> Im Erwartungsgespräch verschiebt sich der Akzent gegenüber dem Einsichtsgespräch weg von der direkten oder indirekten Wertschätzung und den Einsichtsargumenten hin zur Grenzziehung in Form von wiederholter Formulierung klarer Erwartungen.

Konsequenzen

Die möglichen Konsequenzen für ein fortgesetztes Fehlverhalten werden in einem Erwartungsgespräch nur angedeutet:

1. *Diffuse Andeutung* durch Ihren energisch-bestimmten Status (ohne Verbalisierung).
2. *Offene Andeutung* durch den kurzen Hinweis, dass Sie sich
   für den Fall der Nichtbeachtung Ihrer Erwartung Konsequenzen vorbehalten. Die Konsequenzen werden jedoch
   nicht konkret benannt.

Das Anweisungsgespräch

Es gibt keine Sicherheit, dass ein Mitarbeiter oder eine Mitarbeiterin das in einem Erwartungsgespräch kritisierte Verhalten anschließend auch wirklich verändert. Immer wieder müssen Vorgesetzte zur letzten Konsequenz vor der Konsequenz – der Abmahnung – greifen: dem Anweisungsgespräch.

Für das Anweisungsgespräch gilt, was wir in abgeschwächter Form schon für das Erwartungsgespräch postuliert haben: Bevor es zu dieser Maßnahme kommt, müssen alle anderen Möglichkeiten der Konfliktbewältigung (Einsichtsgespräch, Erwartungsgespräch) ausgeschöpft sein. Denn das hohe Risiko eines Anweisungsgesprächs besteht darin, dass durch den immensen Druck, der auf die betreffende Mitarbeiterin oder den Mitarbeiter ausgeübt wird, deren Arbeitsmotivation ebenso wie die Beziehung zur Führungskraft Schaden nehmen können. Daher sollte, außer bei massiven Vergehen, das Anweisungsgespräch stets das (vor-)letzte Mittel der Wahl sein.

Viel Rauch um nichts?

Frau Wulff arbeitet in einem Textilunternehmen und ist starke Raucherin. Seit etwa einem halben Jahr gilt in ihrem Betrieb ein generelles Rauchverbot in allen Gebäuden. Das Rauchen ist nur noch in den Pausen auf dem überdachten Hof gestattet. Für den Weg von der Abteilung, in der Frau Wulff arbeitet, bis hin zu einem überdachten Raucherareal benötigt sie einen Fußweg von ca. drei bis vier Minuten.

Da ihr der Weg sehr weit erscheint und Frau Wulff außerdem auch während ihrer Arbeitszeit immer wieder »eine kleine Zigarette zwischendurch« benötigt, hat sie in den letzten Wochen wiederholt heimlich auf der Toilette geraucht.

Andere Kolleginnen haben sich über den Gestank auf dem stillen Örtchen bei ihrem Vorgesetzten, Herrn Steinmann, beschwert. Dieser hat bereits zwei Gespräche mit Frau Wulff über ihr Fehlverhalten geführt – ein Einsichtsgespräch und einige Zeit später ein Erwartungsgespräch. Beide sind letztendlich ohne Ergebnis verlaufen: Gestern hat Frau Wulff erneut auf der Toilette geraucht. Eine Kollegin, die zeitgleich mit Frau Wulff die Damentoilette benutzte, berichtete dem Vorgesetzten vom neuerlichen Regelverstoß.

So weit der konkrete Sachverhalt des Konflikts. Herr Steinmann entschließt sich dazu, Frau Wulff noch eine letzte Chance vor der offiziellen Abmahnung zu geben: Er wird ein Anweisungsgespräch mit der rauchenden Mitarbeiterin führen. Wie schon in den letzten Kapiteln beginnt auch hier der Konflikt mit der sorgfältigen Vorbereitung der vorgesetzten Person auf das Gespräch, indem sie sich ihrer Ziele und ihrer Vorgehensweise bewusst wird.

Die gedankliche Vorbereitung

Im Zusammenhang mit dem Erwartungsgespräch haben wir bereits festgestellt: Mit zunehmend höherem Status des Vorgesetzten nimmt der Grad der Wertschätzung ab, während gleichzeitig der auf die Mitarbeiterin ausgeübte Druck zunimmt:

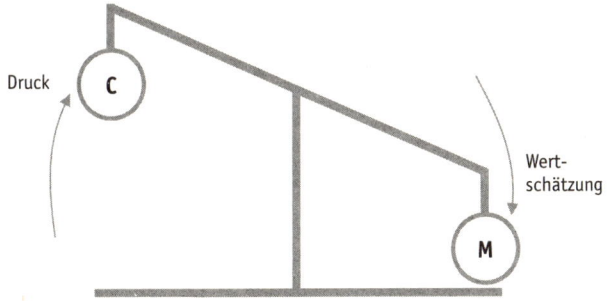

Definieren wir zu Beginn der kurzen Vorbereitung die Ziele der Führungskraft für das anstehende Gespräch:

Die Ziele des Anweisungsgesprächs

1. Frau Wulff soll so große Angst vor der Konsequenz (= schriftliche Abmahnung) bekommen, dass sie das Rauchen auf der Toilette uneingeschränkt unterlässt.
2. Die Wertschätzung gegenüber Frau Wulff beschränkt sich darauf, dass ihr Fehlverhalten kritisiert wird, ohne dass sie jedoch persönlich angegriffen wird.

Aus diesen Zielen ergeben sich zwei zentrale Botschaften:

Die zentralen Botschaften

1. *Anweisung*: »Ich fordere Sie unmissverständlich auf, jegliches Rauchen auf der Toilette zu unterlassen. Sie rauchen ausschließlich in den Pausenzeiten und im dafür vorgesehenen Bereich!«
2. *Androhung*: »Sollten Sie noch einmal gegen diese Anweisung verstoßen, werden Sie unverzüglich eine schriftliche Abmahnung bekommen, die dann in Ihrer Personalakte stehen wird.«

Für das konkrete Vorgehen im Anweisungsgespräch bedeutet das:

1. Der Vorgesetzte wird die Mitarbeiterin nicht mehr nach ihrer Sichtweise des Konflikts befragen.
2. Er wird keinerlei Versuche mehr unternehmen, die Einsicht der Mitarbeiterin zu erzielen. Er wird die Gründe für das generelle Rauchverbot auf der Toilette bestenfalls mit einem Nebensatz erwähnen.

3. Auch wird der Vorgesetzte jegliche Art der direkten Wert-schätzung gegenüber der Mitarbeiterin (zum Beispiel Lob) unterlassen.
4. Stattdessen wird er kurz und knapp seine beiden zentra-len Botschaften kommunizieren und das Gespräch dann beenden.

Die Schwere des Fehlverhaltens von Frau Wulff – nämlich die wiederholten Regelverletzungen der letzten Wochen – lassen eine konsequente und druckvolle Reaktion des Vorgesetzten notwendig erscheinen, in der das Risiko einer Motivations- und Beziehungsstörung sehr bewusst in Kauf genommen wird.

Damit Sie den Hintergrund des Konflikts besser nach-vollziehen können, führen wir – nur der Form halber – kurz an, welche Erwartungen und Bedürfnisse der Vorgesetzte sei-ner rauchenden Mitarbeiterin in den letzten beiden Kon-fliktgesprächen genannt hat:

1. *Erwartung*: »Ich erwarte, dass Sie jegliches Rauchen auf der Toilette unterlassen. Sie rauchen ausschließlich in den Pausen und nur in den dafür vorgesehen Arealen.«
2. *Institutionelles Bedürfnis 1*: »Regeln, die für das Unterneh-men gelten, müssen flächendeckend umgesetzt werden. Ich trage auch in meinem Führungsbereich zur Einhal-tung der Regeln bei.«
3. *Institutionelles Bedürfnis 2*: »Der Qualm auf der Toilette belästigt die anderen Mitarbeiterinnen. Ich möchte, dass deren Recht auf körperliche Unversehrtheit in meinem Zuständigkeitsbereich umgesetzt wird.«
4. *Führungsbedürfnis*: »Die kurzen Raucherpausen auf der Toilette sind bezahlte Arbeitszeit. Aus Gründen der Gleichbehandlung gegenüber den Nichtrauchern inner-halb meiner Abteilung kann ich das nicht dulden. In mei-

ner Abteilung ist mir wichtig: absolute Gleichbehandlung – in diesem Fall gleiche Arbeitszeit für alle.«

5. *Nutzen*: Eine Nutzen-Argumentation ist in den beiden ersten Gesprächen entfallen. Denn welchen Nutzen für die Einstellung des Rauchens auf der Toilette hätte man Frau Wulff anbieten können?

6. *Modell der wertschätzenden Kritik*: Das Rauchen stellt keine Übertreibung einer eigentlich positiven Eigenschaft dar. Also war in diesem Falle auch das Modell der wertschätzenden Kritik nicht anwendbar. Stattdessen hat sich der Vorgesetzte im Einsichts- und Erwartungsgespräch darauf beschränkt, allgemein das Engagement der Mitarbeiterin zu loben.

Keiner der Punkte 2–6 wird im Anweisungsgespräch zum Tragen kommen, da diese zum Teil bereits in den ersten beiden erfolglosen Gesprächen ausgeführt wurden. Und der erste Punkt – die Erwartung – verwandelt sich in eine unmissverständliche Anweisung.

Hinein ins Gespräch

Wir geben zunächst nur den Wortlaut der terminlichen Fixierung des Anweisungsgesprächs seitens des Vorgesetzten Herrn Steinmann wieder:

»Frau Wulff, ich erwarte Sie in fünf Minuten bei mir im Büro.«
»Worum geht es?«
»Das klären wir im Büro.«
»Geht es um das …«
»Wir klären das in meinem Büro.«
»Klar.«

Bereits in diesen ersten 15 Sekunden dürfte Frau Wulff anhand des hohen Status des Vorgesetzten deutlich geworden sein, dass das anstehende Gespräch für sie sehr unangenehm sein wird. Herr Steinmann hat bereits jetzt den höchsten ihm zur Verfügung stehenden Status gewählt, indem er die Mitarbeiterin jäh unterbrochen und sie unmissverständlich aufgefordert hat, in fünf Minuten in ihrem Büro zu erscheinen. Durch den Wegfall des Wortes »bitte« agiert er aus dem Anweisungsstatus heraus – die zeitliche Festlegung seitens des Vorgesetzten stand nicht zur Debatte.

Aus einem ähnlich hohen kommunikativen Status heraus wird Herr Steinmann auch das gesamte anstehende Anweisungsgespräch führen:

»Frau Wulff, setzen Sie sich.«

»Danke.«

»Ich komme direkt zur Sache: In unserem letzten Gespräch habe ich Sie klar und unmissverständlich aufgefordert, das Rauchen auf der Toilette zu unterlassen. Das haben Sie mir auch zugesichert. Die Gründe habe ich Ihnen erläutert, ich muss Sie Ihnen nicht wiederholen. Sie wissen also, worum es geht. Jetzt haben Sie erneut auf der Toilette geraucht. Ihr krasses Fehlverhalten werde ich nicht mehr dulden.«

»Aber Herr Steinmann, das waren nur zwei Züge und ich musste wirklich auf …«

»Frau Wulff, jeder Zug ist einer zu viel. Ihre letzte Chance: Beim nächsten Mal, wenn Sie sich eine Zigarette auch nur anstecken, bekommen Sie eine Abmahnung wegen Verstoß gegen die Hausordnung. Was das für Sie bedeutet, können Sie sich ausmalen: Die Abmahnung wird in Ihrer Personalakte stehen. Und eine Abmahnung in der Personalakte kann unter Umständen schwerwiegende Folgen für Ihre berufliche Zukunft haben. Sie sind noch jung. Überlegen Sie sich also gut, ob es Ihnen das wert ist. Ich fordere Sie ultimativ auf: Rauchen Sie nur noch in den Pausen in den Raucherbereichen! Haben Sie mich verstanden?«

»Ja, tut mir leid, ich hatte geglaubt …«

»Frau Wulff, keine Diskussion über dieses Thema! Haben Sie mich verstanden?«

»Klar, Herr Steinmann.«

Statussenkung: »Gut, Frau Wulff. Belassen wir es dabei. Bitte gehen Sie jetzt wieder zurück an Ihren Arbeitsplatz, okay?«

»Okay.«

Die beiden zentralen Botschaften wurden klar und deutlich formuliert; es gab seitens des Vorgesetzten keine weiteren verbalen Aussagen. Allerdings hat Herr Steinmann seiner Mitarbeiterin einige Statusbotschaften gesendet, mit deren Hilfe er sowohl den Druck auf seine Mitarbeiterin erhöht als auch seine Führungsautorität untermauert hat:

1. Frau Wulff hatte keinerlei Raum, ihre eigene Sichtweise der Vorkommnisse in den Konflikt zu integrieren. Jeder diesbezügliche Versuch wurde seitens des Vorgesetzten durch Redeunterbrechungen unterbunden. Somit hatte die Mitarbeiterin keine Chance, ihr Verhalten zu bagatellisieren: »Das waren nur zwei Züge …«
2. Herr Steinmann hat keinerlei direkte Wertschätzung gegenüber seiner Mitarbeiterin praktiziert. Er hat sie an keinem Punkt gelobt.
3. Der Vorgesetzte hat auch jede Form von indirekter Wertschätzung vermieden, indem er keine Gründe für die nötige Verhaltensänderung mehr genannt hat.
4. Der Vorgesetzte hat in dem Konfliktgespräch über das Rauchen nicht einmal das Wort »bitte« verwendet. Dadurch hat er kommuniziert, dass es sich um eine ultimative Aufforderung handelt.

5. Erst mit seinem letzten Satz, als der Konflikt um das heimliche Rauchen beendet war, hat Herr Steinmann durch das Wort »bitte« seinen Status gegenüber Frau Wulff leicht abgesenkt. Und er hat seine letzten Sätze in einem freundlicheren Ton geäußert. Diese kurze Statussenkung nach dem eigentlichen Konfliktgespräch diente als Signal an Frau Wulff, dass der Chef den Konflikt nicht auf andere Bereiche des Arbeitslebens oder auf die Beziehungsebene zu übertragen gedenkt.

Der Vorgesetzte hat alles in seiner Macht Mögliche getan, um den Konflikt mit Frau Wulff zu lösen und gleichzeitig seine Führungsposition abzusichern. Jetzt trägt die Mitarbeiterin die Verantwortung für ihr weiteres Verhalten. Sie kann sich zwischen der Roten Karte – der Abmahnung – und dem Verzicht auf das Rauchen auf der Toilette entscheiden.

In einem Anweisungsgespräch verfolgt die Führungskraft das ausschließliche Ziel, bei der betreffenden Mitarbeiterin oder dem Mitarbeiter eine Verhaltensänderung auf der Basis von Angst vor den schwerwiegenden Konsequenzen zu erzielen. Je konkreter die Konsequenzen benannt oder sogar erläutert werden, desto größer das Angstpotenzial und desto wahrscheinlicher die Verhaltensänderung.

Checkliste für das Anweisungs-gespräch

Die Ziele des Anweisungsgesprächs

1. Der Mitarbeiter soll so große Angst vor den Konsequen-zen bekommen, dass er sein Verhalten dauerhaft und nachhaltig verändert.
2. Auf mögliche Beeinträchtigungen der Arbeitsmotivation oder des guten kollegialen Verhältnisses wird keinerlei Rücksicht mehr genommen. Die Wertschätzung gegen-über dem Mitarbeiter beschränkt sich darauf, dass dessen Fehlverhalten kritisiert wird, ohne dass er jedoch persön-lich angegriffen wird.

Aus diesen Zielen ergeben sich zwei zentrale Botschaften:

Die zentralen Botschaften

1. *Anweisung*: »Ich fordere Sie unmissverständlich auf, sich ab sofort und ausnahmslos an Ihre Vorgaben zu halten!«
2. *Androhung*: »Sollten Sie noch einmal gegen diese Anwei-sung verstoßen, werden Sie unverzüglich die Konsequen-zen zu tragen haben.«

Die Vorgehensweise in einem Anweisungsgespräch

1. Sie werden den Mitarbeiter nicht mehr nach seiner Sicht-weise des Konflikts befragen.
2. Sie werden keinerlei Versuche mehr unternehmen, die Einsicht des Mitarbeiters zu gewinnen. Sie werden die Gründe für das geforderte Verhalten oder den möglichen Nutzen bestenfalls mit ein paar Nebensätzen erwähnen.

3. Auch werden Sie jegliche Art der Wertschätzung gegenüber dem Mitarbeiter unterlassen.
4. Stattdessen werden Sie kurz und knapp die beiden zentralen Botschaften kommunizieren und das Gespräch danach beenden.

Schritt für Schritt

Wir haben in den letzten Kapiteln drei unterschiedliche Eskalationsstufen für Konfliktgespräche mit Mitarbeiterinnen und Mitarbeitern vorgestellt: das Einsichts-, das Erwartungs- und das Anweisungsgespräch. Dabei haben wir betont, dass – außer bei schweren Regelverstößen oder bei gravierenden Vergehen seitens der Mitarbeiterinnen und Mitarbeiter – das Einsichtsgespräch stets das erste Mittel der Wahl sein sollte. Und das aus drei Gründen:

1. Allein das Einsichtsgespräch bietet die Chance, dass die Mitarbeiterin oder der Mitarbeiter ihr oder sein Verhalten aus Einsicht und damit freiwillig und dauerhaft verändert.
2. Nur eine freiwillige Verhaltensänderung des Mitarbeiters oder der Mitarbeiterin macht weitere Kontrollen seitens der Führungskraft überflüssig.
3. Durch das hohe Maß an Wertschätzung, das in einem Einsichtsgespräch dem jeweiligen Konfliktpartner entgegengebracht wird, ist das Risiko minimiert, dass sich der Konflikt negativ auf die Arbeitsmotivation oder das gute kollegiale Verhältnis zwischen vorgesetzter und nachgesetzter Person auswirkt.

In unseren Seminaren in Institutionen, Verbänden, Vereinen oder auch kleinen und großen Unternehmen haben wir immer wieder die Erfahrung gemacht, dass Führungskräfte diese drei Eskalationsstufen nicht sorgfältig genug trennen. Häufig wird bereits im Einsichtsgespräch Druck auf die Mitarbeiterin oder den Mitarbeiter ausgeübt, indem frühzeitig mit Konsequenzen gedroht wird. Wir halten diese Vorgehensweise für problematisch – und das wieder aus drei Gründen:

1. Mit dem Status der Erwartung erhöht sich der Druck auf den Mitarbeiter oder die Mitarbeiterin. Und jeder eingesetzte Druck kann mit Gegendruck in Form von Dienst nach Vorschrift und Verschlechterung des Arbeitsklimas beantwortet werden.

2. Wenn Sie bereits im ersten Gespräch Druck auf den Mitarbeiter oder die Mitarbeiterin ausüben, steht Ihnen das Erwartungsgespräch als Steigerung nicht mehr zur Verfügung. Sollte der Mitarbeiter oder die Mitarbeiterin sein/ihr Verhalten also nach dem ersten Gespräch nicht ändern, bleibt Ihnen nur das Anweisungsgespräch als weitere Eskalationsstufe.

3. Sollte die Mitarbeiterin oder der Mitarbeiter nach dem ersten Gespräch das gewünschte Verhalten tatsächlich ändern, wissen Sie als Führungskraft nicht, ob die Verhaltensänderung auf der Basis von Einsicht oder Druck geschieht. Doch diese Unterscheidung hat weitreichende Bedeutung: Sollte das gewünschte Verhalten freiwillig und auf der Basis von Einsicht erfolgen, ist keine weitere Kontrolle nötig. Erfolgt das Verhalten aber auf der Basis von Druck, müssen Sie das Verhalten des Mitarbeiters oder der Mitarbeiterin ständig kontrollieren und den Druck aufrechterhalten.

Aus diesen Gründen empfehlen wir eine Kombination aus Einsichts- und Druckebene nur für die Fälle, in denen Sie entweder während des Einsichtsgesprächs schon merken, dass Sie bei Ihrem Gegenüber an die Grenzen seiner Einsicht stoßen, oder aber aufgrund von Vorerfahrungen wissen, dass die betreffende Mitarbeiterin oder der Mitarbeiter auf dem Ohr der Einsicht taub ist. Für alle anderen Situationen gilt:

Das Einsichtsgespräch sollte frei von Druck sein.

Wertschätzung

Bleibt zu klären, welche Chancen sich mit dem Erwartungsgespräch verbinden. Denn dessen Sinn erschließt sich nicht auf den ersten Blick. So haben wir in unseren Praxisseminaren immer wieder Führungskräfte erlebt, die das Erwartungsgespräch für überflüssig erachten und nach dem Einsichtsgespräch unmittelbar auf die Ebene der Anweisung wechseln. Die Argumentation lautet dann: »Der Mitarbeiter hat seine Chance gehabt und vertan; warum soll ich also weitere Zeit und Energie opfern? Ist er doch selbst schuld, wenn er jetzt die Quittung kriegt!« Das klingt erst einmal plausibel. Aber wenn die oben genannten Zahlen, nach denen 68 Prozent der Beschäftigten Dienst nach Vorschrift machen und weitere 19 Prozent bereits die innere Kündigung eingereicht haben, auch nur halbwegs repräsentativ sind, sehen wir gewichtige Gründe, die für eine Dreistufigkeit in Konflikten (Einsichts-, Erwartungs- und Anweisungsgespräch) sprechen:

1. Durch die klar formulierten Erwartungen werden der Mitarbeiterin oder dem Mitarbeiter die Grenzen des Fehlverhaltens unmissverständlich vor Augen geführt. Gleichzeitig wird die Führungsposition durch diese klaren Ansagen bekräftigt. Durch die Erhöhung des Drucks setzt sich das Erwartungsgespräch also deutlich ab gegenüber dem Einsichtsgespräch.

2. Die erwartete Verhaltensänderung der Mitarbeiterin oder des Mitarbeiters basiert nicht mehr auf Einsicht und erfolgt daher auch nicht mehr mit dem gleichen Grad an Freiwilligkeit. Die Verhaltensänderung fußt auf der *latenten* Angst vor Konsequenzen. Die Umsetzung muss von der Führungskraft daher immer wieder kontrolliert werden.

3. Gleichzeitig wird – trotz aller Durchsetzungsfähigkeit – die Mitarbeiterin oder der Mitarbeiter von der Führungskraft ausreichend wertgeschätzt. Diese Wertschätzung erfolgt direkt wie indirekt. Dadurch wird das Risiko der Beeinträchtigung der Arbeitsmotivation oder der Belastung der kollegialen Beziehung gegenüber einem Anweisungsgespräch deutlich minimiert.

Unangemessene und verletzende Konfliktaustragung in Kombination mit mangelnder Wertschätzung seitens der Führungskräfte sind, das belegen alle Untersuchungen, ein durchschlagender Faktor dafür, dass viele Beschäftigte den erfahrenen Druck mit Gegendruck in Form von Dienst nach Vorschrift beantworten. Für die Konfliktgespräche bedeutet das: Außer in Fällen von schwerwiegendem Fehlverhalten sollten Führungskräfte die Chancen des Erwartungsgesprächs nutzen. Denn wie viel mehr an Zeit und Energie kostet es eine Führungskraft im Vergleich zu einem zehnminütigen Erwartungsgespräch, wenn sie mit einer schlechten Arbeitsmotivation der Mitarbeiterin oder des Mitarbeiters und einer vergifteten Beziehung monate- oder gar jahrelang umgehen muss!

> In einem Erwartungsgespräch halten sich Druck und Wertschätzung die Waage.

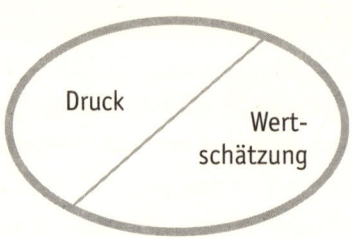

Bleibt nur noch, die Chancen und Risiken des Anweisungsgesprächs aufzuzeigen. Die Chancen sind schnell aufgezählt:
Durch die Androhung von konkreten und schwerwiegenden
Konsequenzen (zum Beispiel Abmahnung) wird der Druck
gegenüber dem Erwartungsgespräch spürbar erhöht.

1. Im Erwartungsgespräch sollte die Mitarbeiterin oder der
   Mitarbeiter lediglich eine *diffuse* Angst davor bekommen,
   dass bei einer Fortführung des Fehlverhaltens Konsequenzen eintreten werden. Die Schwere und der konkrete Inhalt der Konsequenz werden bewusst offengelas-
   sen, um eine weitere Eskalationsstufe in der Hinterhand
   zu behalten.
2. Im Anweisungsgespräch dagegen wird eine sehr *konkrete*
   und unter Umständen sogar beruflich existenzielle Angst
   aufgebaut.

Das Anweisungsgespräch ist sicherlich ein sehr effektives In-
strument, um bei der Mitarbeiterin oder beim Mitarbeiter
die gewünschte Verhaltensänderung zu bewirken. Aber
gleichzeitig ist das Risiko hoch, dass andere wichtige Ziele,
die im Interesse der Führungskraft liegen, auf der Strecke
bleiben: zum Beispiel die Arbeitsmotivation der Mitarbeiterin oder des Mitarbeiters und das gute kollegiale Klima zwischen vor- und nachgesetzter Person. Aber wenn die von uns
vorgeschlagenen Schritte bei der Konfliktbewältigung seitens
der Führungskraft eingehalten worden sind, bleibt dieser

keine andere Wahl, als dieses Risiko einzugehen und die Eskalationsstufe des Anweisungsgesprächs zu betreten. Denn nach dem Scheitern des Einsichts- und auch des Erwartungsgesprächs steht die Autorität der Führungskraft auf dem Spiel. Neben dem Ziel der unbedingten Verhaltensänderung seitens des Gegenübers tritt also noch ein zweites Ziel auf den Plan, das die vorgesetzte Person mithilfe der Anweisung erreichen will: die Sicherung und Wahrung der eigenen Führungsautorität vor all den Personen, die der unmittelbaren oder mittelbaren Führung des betreffenden Vorgesetzten unterstehen. Und dieses Ziel ist so bedeutend, dass die oben genannten Risiken als das kleinere Übel in Kauf genommen werden müssen.

Das Anweisungsgespräch setzt ausschließlich auf Druck – die Mitarbeiterin oder der Mitarbeiter soll eine sehr konkrete Angst vor erheblichen beruflichen Nachteilen bekommen, falls sich deren/dessen Verhalten nicht ändert.

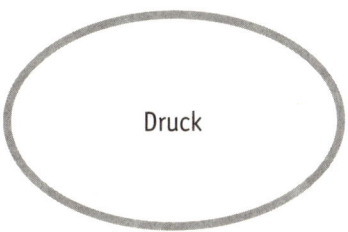

Unsere Erfahrung als Trainerin und Trainer in unzähligen Institutionen, Betrieben, Verbänden und Unternehmen ist: Wenn Führungskräfte auf das Fehlverhalten ihrer Mitarbeiterinnen und Mitarbeiter frühzeitig mit konsequent wertschätzenden (= drucklosen) Einsichtsgesprächen reagieren, minimieren sie das Risiko, dass diese Dienst nach Vorschrift machen oder gar die innere Kündigung einreichen.

Das Einsichtsgespräch stellt ein zentrales Führungsinstrument dar, mit dessen Hilfe sich ein verantwortliches Engagement der Mitarbeiterinnen und Mitarbeiter schaffen, erhalten und fördern lässt.

In diesem Sinne wünschen wir Ihnen viele erfolgreiche Einsichtsgespräche, einige wenige Erwartungs- und möglichst keine Anweisungsgespräche.

Literaturhinweise

Berckhan, Barbara: *Die etwas gelassenere Art, sich durchzusetzen. Ein Selbstbehauptungstraining für Frauen*, München: Heyne-TB, 8. Aufl. 2008

Berckhan, Barbara: *Judo mit Worten. Wie Sie gelassen Kontra geben*, München: Kösel, 4. Aufl. 2010

Berckhan, Barbara: *Sanfte Selbstbehauptung. Die 5 besten Strategien, sich souverän durchzusetzen*, München: Kösel, 4. Aufl. 2008

Fey, Gudrun: *Gelassenheit siegt. Mit Fragen, Vorwürfen, Angriffen souverän umgehen*, Regensburg: Walhalla und Praetoria, 12. Aufl. 2009

Gandhi, Mahatma: *Friedvoll siegen. Die Kraft der Beharrlichkeit*, München: Integral 1997

Herzlieb, Heinz-Jürgen; Ulrich, Friedrich: *Cheffing – Führen von unten*, Berlin: Cornelsen, 2. Aufl. 2005

Johnstone, Keith: *Improvisation und Theater*, Berlin: Alexander 1993

Kellner, Hedwig: *Konflikte verstehen, verhindern, lösen. Konfliktmanagement für Führungskräfte*, München: Hanser 2000

Kumbier, Dagmar: *Sie sagt, er sagt. Kommunikationspsychologie für Partnerschaft, Familie und Beruf*, Reinbek: Rowohlt-TB, 2. Aufl. 2006

Rhode, Rudi; Meis, Mona Sabine: *Wenn Nervensägen an unseren Nerven sägen. So lösen Sie Konflikte mit Kindern und Jugendlichen sicher und selbstbewusst*, München. Kösel, 5. Aufl. 2009

Rhode, Rudi; Meis, Mona Sabine: *Wer schreit, hat schon verloren! Körpersprache selbstbewusst beherrschen*, Zürich: Oesch, 5. Aufl. 2009

Rhode, Rudi; Meis, Mona Sabine; Bongartz, Ralf: *Angriff ist die schlechteste Verteidigung. Der Weg zur kooperativen Konfliktbewältigung*, Paderborn: Junfermann, 3. Aufl. 2008

Rosenberg, Marshall B.: *Gewaltfreie Kommunikation. Eine Sprache des Lebens. Gestalten Sie Ihr Leben, Ihre Beziehungen und Ihre Welt in Übereinstimmung mit Ihren Werten*, Paderborn: Junfermann, 8. Aufl. 2009

Schettgen, Peter: *Der alltägliche Kampf in Organisationen. Psychologische Hintergründe und Alternativen am Beispiel der japanischen Kampfkunst Aikido*, Wiesbaden: Verlag für Sozialwissenschaften 2000

Schranner, Matthias: *Verhandeln im Grenzbereich. Strategien und Taktiken für schwierige Fälle*, Berlin: Econ 2001

Schulz von Thun, Friedemann: *Miteinander reden. Band 1–3*, Reinbek: Rowohlt-TB 1989

Schulz von Thun, Friedemann; Ruppel, Johannes; Stratmann, Roswitha: *Miteinander reden: Kommunikationspsychologie für Führungskräfte*, Lenzburg: Rusch 2004

labor-k

Institut für Körpersprache
       Konflikt
       Kommunikation

Seminarauswahl:

Konfliktbewältigung
Körpersprache
Selbstpräsentation
Teamentwicklung
Führungstraining
Reklamationstraining
Verkaufstraining
Kreativitätstraining

Rudi Rhode
Mona Sabine Meis

Szenische Vorträge
zu Konflikt- und
Körpersprache

www.rudirhode.de
www.labor-k.de
buero@labor-k.de